新版 全記録 80年5月
光州蜂起
虐殺と民衆抗争の10日間

全南社会運動協議会【編】／黄晳暎【記録】 光州事件調査委員会【訳】

柘植書房新社

車の前にくっきりと「全斗煥をやつざきにしろ！」

催涙弾をものともせず青年たちはつき進む

投石、棍棒で軍にたち向かう青年(5月23日)

続々と市民がたち上がった！(5月23日)

戒厳軍の武力弾圧に抗して市民は武装した（5月23日）

奪った軍用トラックで進撃する市民と学生（5月24日）

「軍部統治に決死反対」

みよ！戒厳軍のこの蛮行！（5月20日）

道庁前広場につめかける光州市民（5月23日）

立ち上がった民衆の前に，機動隊は孤立した

戒厳軍に連行される光州の英雄たち（5月27日朝）

並べられた犠牲者たち，生存者も放り出されて（5月27日）

道庁前の犠牲者たち（5月24日）

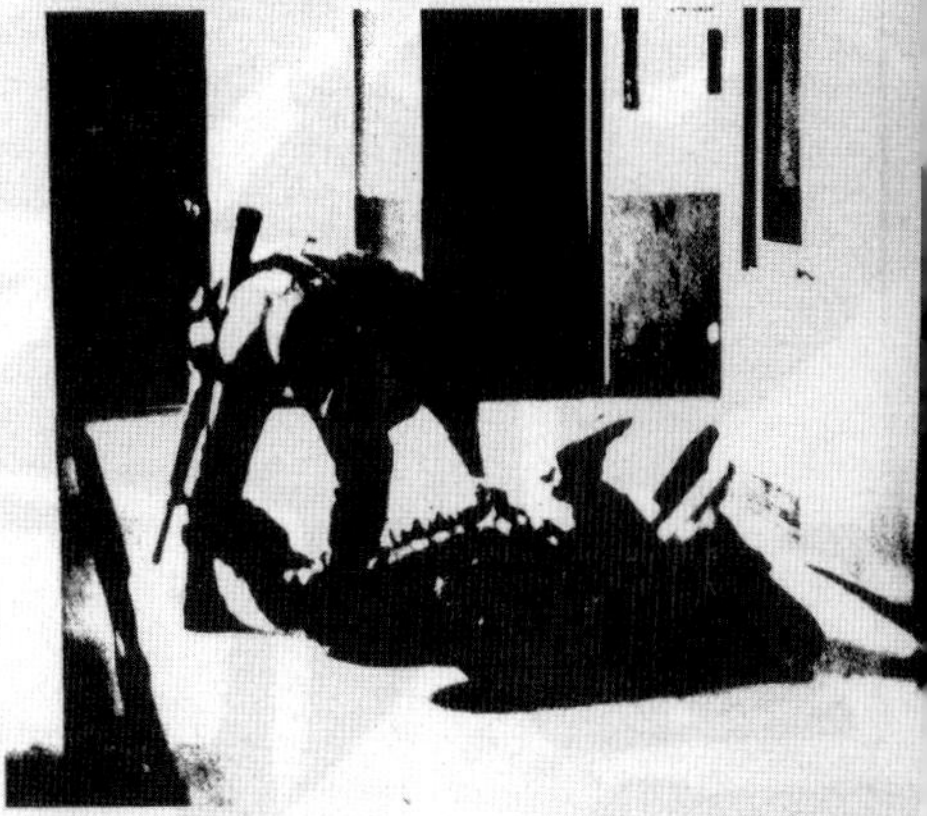

後手にしばられた青年（5月27日）

闘いぬいて、連行される学生リーダー（5月17日、ソウル）

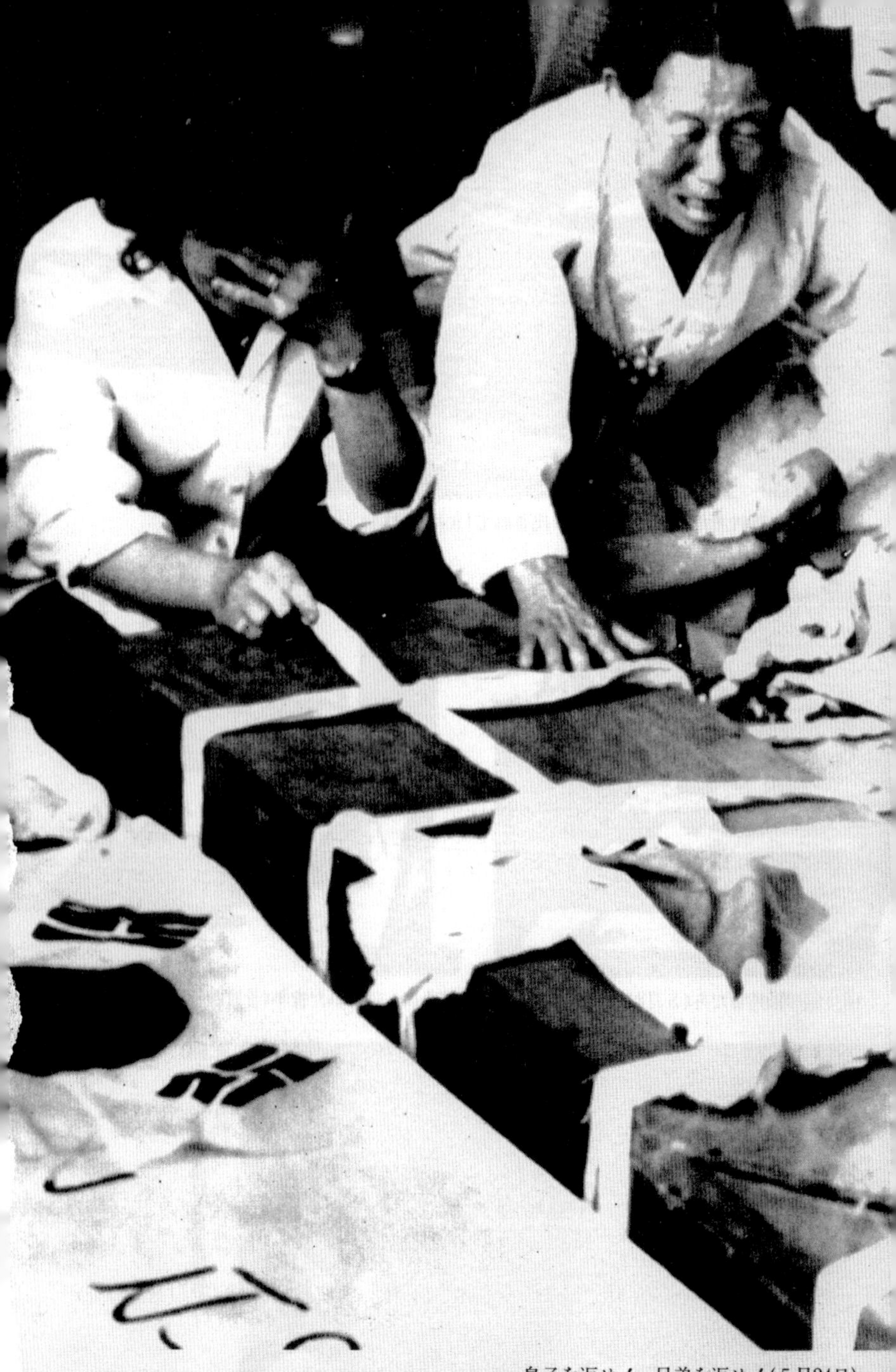

息子を返せ！　兄弟を返せ！（5月24日）

本書の刊行にあたって

一九八五年一〇月二日、ソウルのアメリカ文化センター占拠事件（五月二三〜二六日）の一審判決が下された。二〇人の被告が、三〜七年の懲役刑を宣告された。中でも七年の刑を受けた咸雲炅被告（全学連・三民闘委委員長）の場合、ソウル大学総学生会会長選への立候補の際の主張、「ヤンキー・ゴーホーム」と「核基地の撤収」が国家保安法違反に問われ、最高刑を科された事実が注目される。

ソウルのアメリカ文化センター占拠事件は、四月一七日に結成されたばかりの「全国学生総連合」（全学連）指導下の一連の「五月闘争」（光州事件糾明を課題《イッシュー》とする）の頂点として起こされた。同占拠事件を担当した学生たちは、①光州虐殺を支援した責任をとってアメリカ政府は公開的に謝罪せよ、②アメリカは全斗煥軍事独裁政権に対する支援を中断せよ、③アメリカ国民は、正しい韓米関係構築のために努力せよ、との主張をかかげ、それは内外に広く伝えられた。これに対して全斗煥政権は、一部の「容共、左傾分子」による「利敵行為」であるときめつけ、国家保安法をはじめとする弾圧法規を持ち出し、学生運動弾圧に乗り出したのである。

韓国の学生運動は何故、光州事件——特にそれに対するアメリカの責任問題に、これほどまでにこだわるのだろう。またそれは果たして、一部の「容共、左傾分子」による、過激なはね上がった主張や行為にすぎないのだろうか。

本書は、こうした疑問の解明に大きな手がかりを与えてくれる。本書の原著(『死を超え時代の暗闇を超えて—光州五月民衆抗争の記録—』)は、一九八〇年五月の光州事件について二〇〇〇人以上の生存者の証言を基軸に、「実際にあった事件それ自体を少しでも早く、多くの隣人に伝えることが重要だ」との考えの下にまとめられ、一九八五年五月二〇日にソウルのプルピッ社から刊行されたものである。だが、発売と同時に全斗煥政権の手によって押収、発売禁止措置がとられ、非合法化された。この本に対する全斗煥政権の恐れのほどが察せられよう。この本の持つ特色としては、以下の諸点があげられる。

(1) 光州事件=民衆蜂起の経過を、現地サイドで収集し得た諸資料の整理を通じて、克明かつ具体的に明らかにした初の全記録であること。これまでのところ、この事件に関する文書としては、最も包括的で、最も体系的なものであるといってよい。

(2) 全斗煥をリーダーとする一部軍部勢力による光州市民大虐殺の全容が明らかにされ、二千人を超えると見られる同胞の血にまみれた全斗煥政権の政治的正統性に対し、疑問の余地のない明確な否定を行なっていること。

(3) こうした虐殺に抗する形で始まった民衆蜂起によって、わずかな期間であったとはいえ、「光州市民共同体」としての解放都市が出現し、権力の掌握、権力掌握後における民衆的行政体系および秩序の樹立といった、根幹的な問題に直面させられた事実を明らかにしていること。戒厳軍を追い払い、「市民共同体」が暫時成立した期間における多くの困難実例は、民衆運動にとって、権力掌握後への準備がいかに重要であるかをよく示している。

(4) 民衆抗争の全期間を通じて、韓国民衆にとってアメリカはいかなる存在であるかが、いや応なしにさらけ出され、アメリカに頼っての韓国民主化といった考えの大きな誤りを、文字どおり、血と涙で思い知らされたこと。それは、韓国民衆のさまざまな苦しみの根源は、分断体制=アメリカの対韓政策であり、したがって、反外勢・民族自主と南北統一をめざす民族運動の高揚が重視されなければならない、との認識をもたらすに至る。

戒厳軍の最後通告が伝えられた最後の市民決起大会席上で、「われらの願いは統一」と歌われた光景は、感動的であり、示唆的であるといえよう。

一九八〇年の光州民衆蜂起は、一八七一年のパリ・コンミューンと対比させて考えることができる。マルクスとエンゲルスは当時、パリ・コンミューンが「労働者階級は、できあいの国家機構をそのままわが手に握って、自分自身の目的のために使うことはできない」ということを証明した、と書いた。光州蜂起は、アメリカの「基地・傭兵国家」としての大韓民国そのものを問い直すことなくしては、韓国におけるいかなる民衆運動の成長もあり得ないということを証明した。光州に投入された戒厳軍の恐るべきほどの残虐行為は、アメリカ軍指揮下の植民地傭兵軍的本質と無関係ではなかったのである。

一九八〇年一二月の光州アメリカ文化センター放火事件、八二年三月の釜山アメリカ文化センター放火事件という学生たちの行動は、光州事件の延長線上に生じた。八五年のソウル・アメリカ文化センター占拠事件がそれらをつなぎ、さらに内容を豊富化させたものであることはいうまでもない。

韓国の学生運動が「光州」にこだわるのは、こうした事情によるものだ。それは、一部少数分子による〝はね上がり〟行為ではなく、広範な学生大衆、民衆の強い支持を得たものである。そして、学生運動によるこうした問題提起と行動展開に触発され、韓国民主化運動は急速に変容しつつある。それは、アメリカへの幻想と依頼心を持った少数の保守的政治家や名士らによって指導された七〇年代型から、反外勢・民族自主を明らかにし、民衆主導を強めようとする八〇年代型運動への変容である。

こうした状況の下で、光州事件の真相究明と暴露の活動を強め、韓国学生運動・民主化運動の主張と闘争を支持し、それに連帯する事業を日本などで発展させることが、ひときわ重要になってきている。われわれは、このような問題意識の下に「光州事件調査委員会」を発足させることになった。この本の日本語訳版刊行は、その作業の第一弾として行なわれる。第二弾としては、日本でのわれわれの独自調査結果を、来春、報告書の形で刊行の予定である。

その際われわれは、光州事件の教訓から「ヤンキー・ゴーホーム」、「核基地の撤収」を叫び、反外勢・民族自主と統一をめざす民族運動高揚の重要性を提示しつつある韓国学生運動等の問題提起を全面的に支持する立場に立つ。何故ならば、全斗煥政権の反共安保路線と政策に恐れをなし、あるいはそれに迎合して、このような学生運動等の主張と問題提起を〝過激〟扱いにしたり、それと一線を画そうとするのは、光州事件の真相究明や責任追及をうんぬんする資格を失わせることになると、考えるからだ。

本書には特別に、全国学生総連合（全学連）の刊行（一九八五年五月）による『光州民衆抗争の民衆運動史的照明』の中の、光州抗争の評価と意義づけを行なっている部分を、全訳して収録した。全斗煥政権の厳しい弾圧対象とされているこの重要文献では、光州事件に関する水準の高い総括作業が試みられている。量的には少ないものだが、それ自体、独自のウェイトを持つものとして、熟読していただければ幸いである。

周知のような事情のため、本書の刊行は、原著者等とは無関係に行なわれる。原著は、限られた時間内に、何人かの人が手分けして大急ぎでまとめたものとみえ、重複その他の問題点がいくつかあった。このため本書では、日本語訳版として正確に伝えるのに必要と思われる若干の整理作業を行なった。原著には、一八葉の地図と二三四人の死亡者リストなどがついている。だが、この数は二千名を越える実際の犠牲者数の一部にすぎないので、本書ではあえて割愛した。また、一八葉の地図のかわりに、光州市街図と韓国全図をつけた。

本書は、既に刊行されている『韓国の労働者はいま』、『韓国の学生はいま』(「韓国の労働者・学生運動」刊行委員会編訳、柘植書房刊）と、深い連関性を持つものである。

本文中、〔　〕内のものは、訳註である。
固有名詞の漢字表記には、音訳もまじっている。

一九八五年一〇月一五日

光州事件調査委員会を代表して
中川信夫

目次

新版　全記録　光州蜂起80年5月

われらの願いは統一
夢にも願うは統一
心の底から願うは統一
統一をなしとげよう
この同胞《はらから》を生かすは統一
この国を生かすは統一
統一よ　早く来い
統一よ　来い

（光州蜂起期間中、市民によって広くうたわれた歌「われらの願い」）

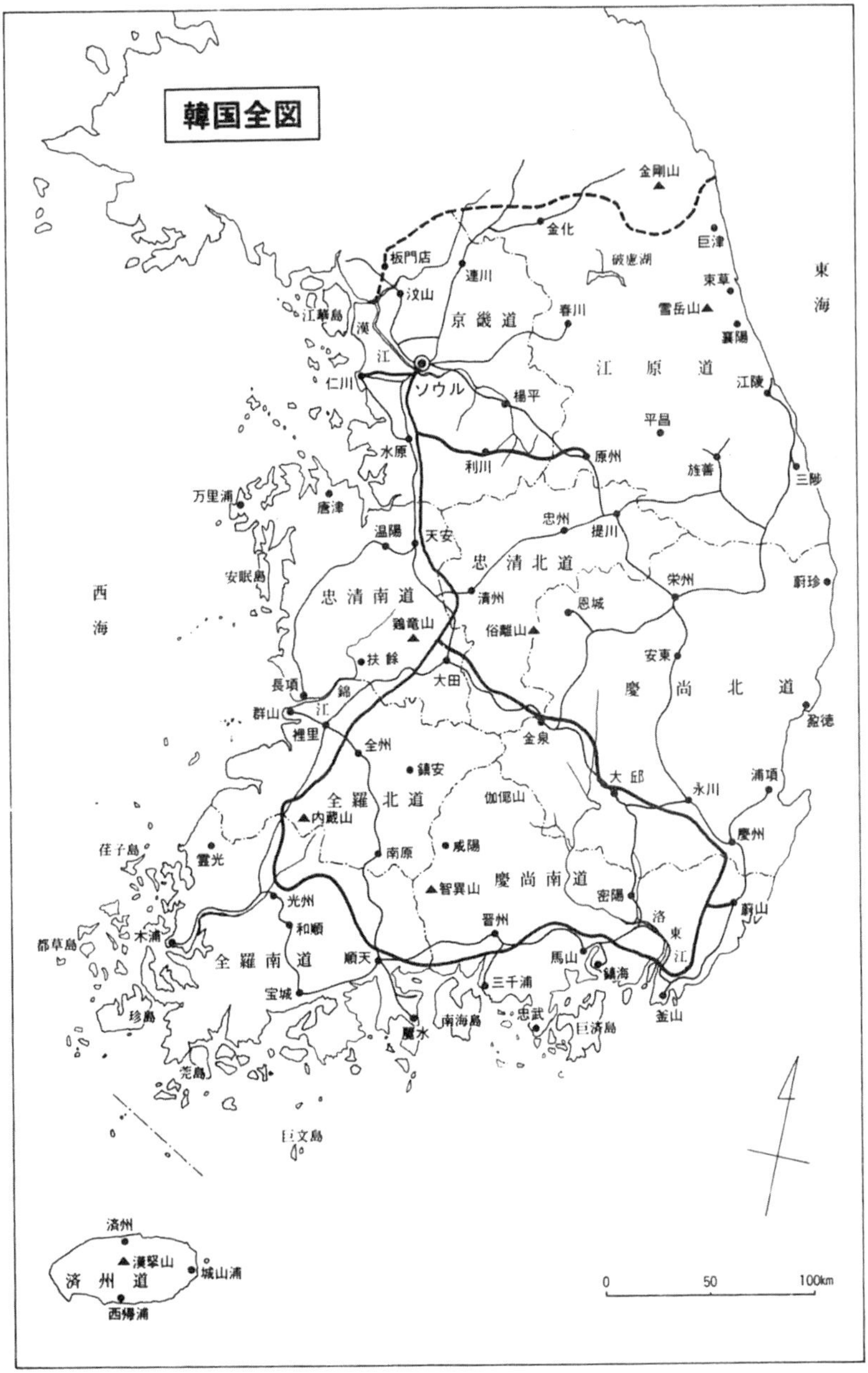

韓国全図
金剛山
金化
巨津
板門店
漣川
破虜湖
東草
東
海
汶山
京畿道
春川
雪岳山
江華島
漢
江
襄陽
江原道
仁川
ソウル
楊平
江陵
平昌
水原
利川
原州
旌善
三陟
万里浦
唐津
忠州
堤川
温陽
天安
忠清北道
栄州
蔚珍
安眠島
西
海
忠清南道
清州
恩城
鶏竜山
俗離山
扶餘
安東
長項
錦
江
大田
慶尚北道
群山
盈徳
裡里
金泉
全州
鎮安
大邱
浦項
全羅北道
伽倻山
永川
内蔵山
慶州
荏子島
霊光
南原
咸陽
慶尚南道
智異山
密陽
光州
蔚山
和順
晋州
洛
東
江
都草島
木浦
全羅南道
順天
馬山
鎮海
三千浦
宝城
珍島
南海島
忠武
巨済島
麗水
釜山
莞島
巨文島
済州
漢拏山
城山浦
済州道
西帰浦
0
50
100km

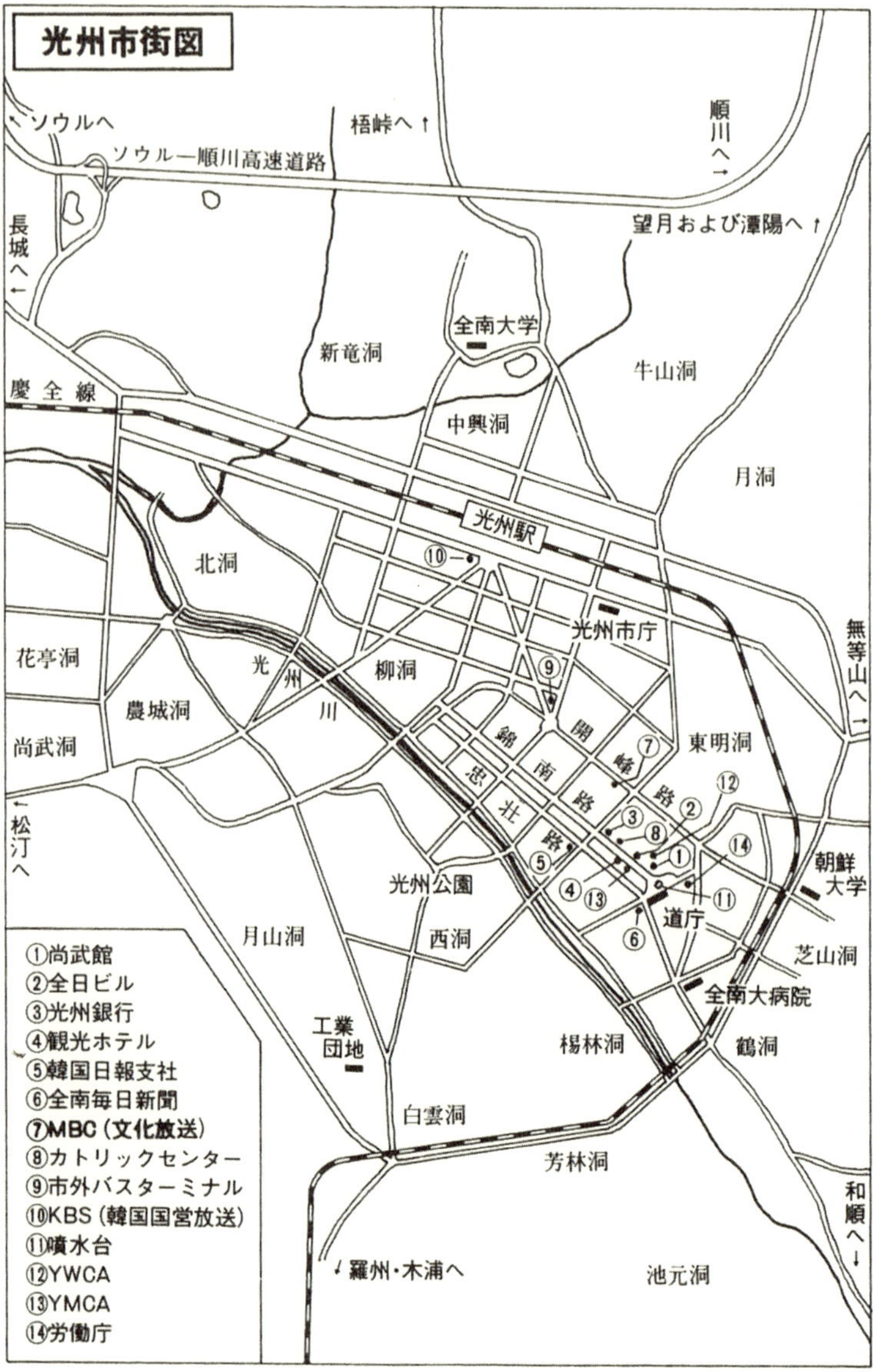
光州市街図
ソウルへ
梧峠へ
順川へ
ソウル－順川高速道路
長城へ
望月および潭陽へ
全南大学
新竜洞
牛山洞
慶全線
中興洞
月洞
光州駅
北洞
光州市庁
花亭洞
光州川
柳洞
無等山へ
農城洞
錦南路
開峰路
東明洞
尚武洞
忠壮路
松汀へ
朝鮮大学
光州公園
道庁
月山洞
西洞
芝山洞
全南大病院
工業団地
楊林洞
鶴洞
白雲洞
芳林洞
和順へ
羅州・木浦へ
池元洞
①尚武館
②全日ビル
③光州銀行
④観光ホテル
⑤韓国日報支社
⑥全南毎日新聞
⑦MBC（文化放送）
⑧カトリックセンター
⑨市外バスターミナル
⑩KBS（韓国国営放送）
⑪噴水台
⑫YWCA
⑬YMCA
⑭労働庁

新版　全記録　光州蜂起80年5月

原題『死を超え時代の暗闇を超えて——光州五月民衆抗争の記録——』

帰って来たのね
帰って来たのね
きみたちの花のような魂
叶えられなかった愛　叶えられなかった夢を抱いて
死を超え　時代の暗闇《くらやみ》を超えて
復活の歌になって
清らかな愛の歌になって
本当に　きみたちは　再び帰って来たのね
……

つきのぼる夜明けの太陽のように
黄土の大地に根を張る
新しい春の香ぐわしい蓬《よもぎ》の葉のように
はだかのままたくましく立つ櫟《くぬぎ》の木のように
みずからの身を腐らせ　芽をふき
凍てついた大地に埋もれ　冬を生き抜いた麦のように
けっして死ぬことのない根っこになって
光を裂いて飛ぶ槍先
標的に向かってつき進む矢となって

天地に満ちた輝きとなって
帰って来たのね
帰って来て私たちの胸を充たす
光になるのね……

（文炳蘭『復活の歌』から）

発刊の辞——わが愛する五月、私の愛しい英進へ！

英進よ！

その年、一九八〇年五月二一日「お母さん！　祖国が僕らを呼んでるんです」と言って出て行ったまま、戒厳軍の無差別銃撃にこめかみを撃ち貫かれ、父の知らぬうちにこの世を去ってしまった英進よ！　白い眼をちゃんと閉じることもできぬまま、無惨にも、基督病院の霊安室に、私よりも先に横たわってしまった、夢にも忘れることのできないわが息子英進よ！　毎年春が来れば、ほととぎすの鳴く望月洞墓地で、眼を怒らせて、私より先に立ち上がり、血の涙で光州を歌っている英進よ！

一九八〇年五月二七日、お前の後に続いて最後まで道庁を死守したお前の兄、そして姉、おじ、おば、弟たちが、独裁の銃剣と圧制に連らなる外勢の背反に、抗争と殺戮と蜂起の都市光州のど真中の噴水台、ＹＷＣＡ、錦南路、池元洞進入路で屍の塔を築いている時……この父は何をしていたのか……英進よ！

この日以後、この地に渦巻いて来た暴力と弾圧と収奪の鎖の中で、もう二度とは呼ぶことができないと思っていたわが愛する五月、わが愛する光州、私の愛しい英進の名を、一日も欠かさず工場で、農村で、学園で、撤去民村で、街路で、あの日の現場光州で、再び呼んでいるのだ！

英進よ！　もう一度帰っておくれ
英進よ！　光州よ！　五月よ！

今日私は再び、お前の名前を呼ぶ
英進よ！

少しは力強く少しは堂々と、もう泣かないで、身震いするような恨みと憤怒で、それでいて震える声で、すべての韓半島の広野に声高く叫んでいる！

英進よ！　もう一度私のそばに！

これからは韓半島の民主主義の夜明けのために！　民衆生存権の全民族的な死守のために！　核戦争と軍事独裁の抵当として奪われた祖国の休戦ラインを切り開き、わが民衆自身の力で平和統一を成就するために！　最後にこの地からすべての外勢と軍事独裁の抑圧の鎖を切断して民主化、民衆守護、民族統一の旗を翻すために！

英進よ！

これまで、お前と光州五月民衆抗争の闘士たちが掲げた旗をしっかりと握って、慟哭しながら、声が枯れるまでこの痛歎の地韓半島の全域を駆けめぐり、手につかまえ、耳に聞きとり、心臓に熱く響くすべてのものを、私の胸にかき抱いてきて、わが息子英進と五月のあの日の闘士たちに渡してやりたいと思う。

今日、一九八五年五月。あのとき燃え上がった民主、民衆、民族の息子たちに捧げる。あなたたちの不退転の献身性と死への決断の前に、あなたたちのこの小さな足跡に、この民族の熱い良心の名で献花する。

安らかに眠りなさい。

新しい夜明けの太陽が昇るその日まで!

まだ整理のできていない当日の事件と記録などは、次の機会に譲る。これらは民主化、民衆守護、民族自主統一のための運動力量の大幅な増大と領域の拡大、闘争対象への徹底した憤怒と確固とした認識が増していく中で成しとげられるものと信ずる。それは、その日一九八〇年五月二六日夕刻から二七日明け方までの間、外勢と独裁の銃剣の前にあって最後まで光州死守の旗を降さなかったあなたたち、今では青草繁る望月洞聖域に埋もれたわれらの永遠の友人たちの前に、堂々と立つことができるようになった時にはじめて得られるもの。そうだね。英進よ!

光州よ、永遠なれ!

一九八五年四月

全南社会運動協議会
代表　田桂良

はじめに

光州民衆民主抗争から、すでに、五年が過ぎた。抗争の歴史的正当性や概念規定はさておくとしても、事件の〝真相〟すら明らかにされぬまま、一〇年の半分の歳月が、なすところなく流れてしまったのである。

われわれは、抗争が終わって六ヵ月後から、災難の廃虚の中で、涙で家財道具を探し、整理する心情でもって、各種の資料と体験談、目撃者の証言を集めはじめた。だが、さまざまな制約のために〝真相調査〟は継続することができず、文筆を業とする筆者はなかなか勇気が持てず、恥辱にさいなまれてきた。〔だが〕〝光州〟を語ることなくしては、もはやペンをとることはできなくなったようだ。私が保管してきた諸資料は、風呂敷に包んで箪笥の奥深く放り込んであった。歳月が経つにつれて筆者は、これは文学や小説的次元の仕事ではなく、実際にあった事件それ自体を少しでも早く、多くの隣人に伝えることが重要だと考えるようになった。民衆運動の歴史的記録は、回想資料と体験談、目撃談によって再生される特性を持ち、歳月の経つごとに記憶は薄れていくほかないだろう。とりあえず、市民たちの個別的な体験談を忠実に集めれば、これは、後に民族運動史的な評価のための、他の人たちの研究資料になるだろうと考えた。のみならず、その日、光州の各地で犠牲になった死亡者たちの遺族と負傷者たちが、現在この時点で、歴史的正当性を立証されなければならぬという責任感も、筆者を動かしたいくつかの要因のうちの一つである。

記録をしながら筆者は、さまざまな懐かしい顔を思い浮かべ、そのときになってようやく、望月洞墓地を訪れる廉恥心が生じたようだ。歴史的評価の客観性が確保されていない一九八五年に、光州五月抗争の概念規定をするというのは、大変に困難な仕事である。光州は、現在も継続されているからだ。だが、この記録は、ほとんど匿名の二〇〇人以上の市民から聞き出したものであり、これらの市民が、この大きな事件の原動力であったのも事実である。このような観点から、最後の民衆抗争指導部を、光州民衆抗争の主体として把握した。また、こうした民衆主体的視角から、五月抗争が光州という地域性による事件ではなく、民族運動の深化した質的な飛躍の契機となったという結論を出すことができた。事実はそのまま記した後、死亡者や負傷者、実刑を受けた人びとの場合についてのみ、具体的な活動様相と人的事項を明らかにするようにし、それ以外は、群衆の中の匿名者として処理した。死亡者の正確な数字、被害の真相、戒厳当局の作戦内容などの多くの部分については、当局側の資料入手が思うようにいかなかったため、把握するのに限界があった。

いまわれわれは、迫りくる一九八〇年代の情勢と、そこから先遂行せねばならぬ民主化、統一運動の命題を一つずつ点検しながら、一九八〇年五月のあの日の喊声が全国土にこだましているのを聞いている。いまこそ、民主化運動の祭壇に祀られた英霊たちの熱い血でもって、光州精神の全民族化を、同時代の人びとに渇望しなければならないときとなった。

「そうだ。五月は終わったのではなく、これから始まるのだ。光州の五月は、悲劇的な惨事ではなく、全民族が歓喜の広場に立つ出発点であり、われわれは、その五月を記念碑や神話にしてはならない。われわれは、神話の地平の上に、新たな行動の実践を根付かせねばならず、そうしてこそ死んだ人びとの血に報いることができるようになるだろう。

懐かしい人びと、輝かしい故郷、隣人間の血の通う暖かい愛が花開いたその五月。いまこそ、韓半島のいたるところにそれを立ち帰らせなければならない。光州の五月抗争を、運動線上の頂点や追憶に縮小させることなく、一九八〇年代の民族運動の地平として、全身をもって表出させる仕事が、われわれの前に残されている」

謹んで、民主英霊に対して頭をたれ、その冥福を祈る。

一九八五年四月

黄皙暎

第1部

打ち寄せる歴史の波濤

1　力量の成熟

一〇月から五月まで

一九年間に及んだ朴正熙維新独裁体制が一九七九年一〇・二六事件で崩壊した後、維新残滓勢力と結託して権力掌握をねらっていた軍部の一部勢力は、抑えつけられてきた民主化への熱望と軍事独裁に対するうっぷんを爆発させ始めた在野と民衆民主化運動勢力を、一挙に圧殺する準備を整えていた。一二・一二事件*で一応、軍内部の実権を握った現大統領（全斗煥）を中心とする勢力は、まずYWCA集会事件**に対して無差別的で残忍なテロをもって対応した。そして、大衆的運動へと高まりを示し始めた民主化闘争や政治闘争の段階に入った労働者、農民の生存権運動を踏みつぶす機会をうかがっていた。

* 一九七九年一二月一二日、朴正熙射殺後、軍主流に位置していた鄭昇和陸軍参謀総長を、当時合同捜査本部長であった全斗煥が逮捕し、軍の実権を握った事件。
** 一九七九年一一月二四日、当時の憲法下での暫定大統領選出に反対した人びとの集会。

状況のこうした民衆的な深化過程は、朴正熙の突然の死によってもたらされたものではなく、むしろ維新独裁に絶え間なく抵抗してき民主化運動内部の自己成熟と、金景淑の墜落死*を頂点とする民衆運動の爆発的な高揚による歴史的必然の帰結であった。すでに、釜山と馬山における大衆蜂起は、維新独裁に対する決定的打撃となっていたのだ。それ故に、一九七九年一〇月から一九八〇年五月にかけての広範囲な民主化大行進は、釜山・馬山抗争という波濤を見過ごしたのでは正確に把握できないものである。

* 一九七九年八月のYH貿易労働者による新民党本部籠城事件の際、警察側の強制解散過程で女子労働者金景淑の墜落事故が起こり、後に死体が発見された事件。

事態の決着は、一九八〇年五月に持ち越された。同年四月と五月に入って、ソウル大学をはじめとする学生運動が、さらに一段高い段階に進むようになった。

それまで〈大統領〉緊急措置と維新憲法によってほとんど抹殺され、公然活動の機会を奪われ、地下化していた学生運動は、学内の民主化問題についての論議を行なうと共に、自身の整備・運動内部の矛盾摘出のための闘争を展開しながら、学生大衆の中に運動の基盤を根付かせ始めた。自身の整備が行なわれることにより、自然に現状況の認識のしかた、および政治的な課題へと争点が変化、進展し、一九八〇年五月二日のソウル大学の「民主化大総会」には、一万余人の学生が集まった。これは、政府だけではなく、一般市民や学生運動内部でさえもが、大きな衝撃を受けたほどのものであった。各大学の学生会は自信を持った。学生運動が一〇余日間の論議・検討期間を経て、状況認識と行動実践における一致に達したのは五月中旬であった。このときには、軍部実権勢力と維新残滓勢力の結託および彼らの内部の態勢整備も終わっていた。

五月一二日まで各地で展開された街頭進出の試みはまだ散発的なものであったが、一三日に入ってからは、ソウル都心の光化門一帯で六大学二五〇〇余人の学生たちが「戒厳撤廃」を叫んで街頭デモを開始し、民主化運動は次第に活気を増し、緊張が渦巻き始めた。一四日金玉吉文教部長官は、一三日夜の学生街頭デモに対する深い憂慮を表明したが、全国三七大学の学生たちは、民主化に対する爆発的な要求を正面にかかげ、堰を切った水のように、街頭へ、街頭へと押し出して行った。

一五日に政府は、中東訪問中の崔圭夏大統領が帰国すれば〈民主化への〉政治日程を明らかにするとし、重ねて学生の自制を求めたが、学生たちは、現政権の政治日程に対する曖昧な態度をこれ以上容認することはできないとしてデモを激化させた。学生デモはソウル市内を完全に麻痺させた。学生デモは警察の車に火をつけながら、夜に至るまで引き続き激しさを加えていった。

夜間デモは三日間繰り返され、崔圭夏大統領は日程を一日早め、一六日帰国した。申鉉碻国務総理は、万

一、こうした事態が継続されるならば政府としても非常対策を講ずるほかない、との内容の談話文を発表した。崔圭夏大統領は帰国と同時に、青瓦台に時局関連対策会議を召集し、深夜会議を進めた。午後一一時から一時間続けられたこの会議には、崔圭夏大統領、申鉉碻国務総理、全斗煥中央情報部長代理、金鍾煥内務部長官、周永福国防部長官、李熺性戒厳司令官、そして崔侊洙大統領秘書室長らが参席した。

一六日、ソウル市内の各大学学生たちは街頭デモをいったん中止し、二四大学の学生代表は「われわれの意志は十分に伝達されたようだ」と評価し、当分の間、情勢の推移を見守るとの決議を行なった。これに続いて、釜山、大邱、晋州などでも、ソウル地域の決定に従って街頭デモを中止した。

当時、〔韓国における〕民主化運動の大きな流れとしては、大略、四つに区分できた。その一は、時局に最も敏感で対応力も強力な学生運動であり、その二は、維新独裁時代から投獄などの憂き目に合いながらも結集した宗教人・文人・言論人・教授・青年勢力等の在野民主化運動人士である。第三は、YH事件を通じて制度政治〔体制政治〕の場にあって民衆民主運動と一定の関係を結ぶに至った金泳三氏等の一部野党政治家、維新体制の全期間を通じて政治的に疎外され、苦しめられた金大中氏をはじめとする在野政治家など、政治運動の流れ。第四は、自らの生存権を守るために、一九七〇年代の全期間を通じて全力をあげて闘った労働者・農民ら基層民衆の運動だ。

だが、民主化運動は、自ら内部の組織改変と大衆の連帯を準備する余裕を持たなかったし、反民主化勢力に対する具体的対応策を整える力量をも持てない段階にとどまっていた。これは、爆発的な展開を示し始めていた労働者・農民たちの生存権のための闘争をめぐり、独裁勢力に対して弾圧の本格的開始の根拠と自信感を与えることになった。

全南民主化運動勢力の性格

全国的に一種の小康状態が出現したが、光州のみは例外であった。むしろ、光州では前よりもはるかに多い三万余人が〔全羅南道〕道庁前に集結し、たいまつデモを展開することになる。一〇・二六以後、光州の民主化に対する熱望が、他の地域以上に高まり得たいくつかの原因を上げることができる。

第一　東学農民戦争*から義兵闘争へ、さらに光州学生反帝闘争**を経た民衆運動の伝統と脈絡が血縁的に実存しているという、民族運動に対するはっきりとした自覚と自負心。民主在野人士の中には、日本帝国主義時代の光州学生運動の主役だった人も生き残り、加わっている。祖父や曾祖父が東学や義兵の一員であった青年たちは、家族らの回想を通じて近代史の生々しい痕跡を、血の中にしっかりととどめている。これは、近代一〇〇年の歴史が、一つの家庭内で共に生きているということの具体的な例となる。

* 一八九四年、封建制度と侵略者日本に反対する全羅道古阜農民の蜂起がきっかけとなって起こった農民戦争。
** 一九二九年一一月、光州を中心に朝鮮全土に拡大した反日学生闘争。

第二　四・一九以後、民主化・統一運動の急進的な流れが姿を潜めた後、維新独裁の全期間を通じて先輩から後輩へと脈絡が引きつがれた学生運動は、民青学連事件や民主教育指標事件*を契機に再三拡充され、社会の現場での運動へと広がっていった。すなわち、光州民主化運動は、限定された地域で多くの地方的制約と限界に耐えつつ、持続的な自己運動によって固い結束を保つことができた。一言でいって、弾圧が強かった半面、家族的ともいえる親密な結束を保ち得たのである。

* 一九七八年六月二七日、全南大学の教授一一人が、朴政権の教育政策を批判した「われわれの教育指標」を発表し、弾圧された事件。

第三　光州は、農村にとり囲まれた消費都市として、周辺の広範囲な基層農民の生産地と連結されていたという点を上げることができる。先のような学内から外へ、現場運動へと接近していった学生と、農村現場での農民運動勢力との連合が自然な形で形成された。光州に住む学生や市民大衆のほとんどすべては、農村共同体的経験の上に立つ農民の子であった。したがって、彼らは一九七〇年代の全期間を通じて、低農産物価格政策と不等価交換様式を伴った工業近代化政策によって、真っ先に犠牲とされた階層であったといえる。

第四　維新独裁の全期間を通じて、光州は地域運動力量を持続的に成長させ、すでに一九七八年には、各界の役割分担が能率的に遂行されていたという点だ。NCC、EYC、JOC、カトリック農民会、キリスト教農民会、カトリック正義平和委員会、カトリック青年会、キリスト青年会、YMCA、YWCAなどの宗教団体と、韓国アムネスティ光州支部、民主青年協議会、現代文化研究所、緑豆書店などの在野青年・社会団体が表向きは分立していたが、内部的には必要な論議や意見交換を随時行ない得る態勢をすでに作り上げていた。

第五　朴正煕独裁期間における地域間不均衡開発により、農村に囲まれた消費都市としての役割しか与えられなかった光州や全南の農村地域において、いわゆる「湖南虐待」という広範な大衆的な意識のまんえんがあった点を上げることができる。これは、地域感情というよりも、対外従属的で買弁的な近代化推進がもたらした当然の結果であり、全南の農村共同体がセマウル運動なる美名の下に、大量離農と急激な小邑（日本の町に相当する）の没落などによって生存の土台を揺るがせられたことに由来する不満であった。

第六　以上のような不満の累積は、ちょうど貧しい家庭で立身出世をして不遇な環境を一変させてくれる孝子の出現が望まれるのと同じように、状況を改善してくれる人物の出現への渇望として集約された。全南出身の金大中氏の大統領選出馬とその挫折、受けた苦難と逆境は、彼らの普遍的な経験と合致し、一九八〇年以降同氏は、全南の大衆的英雄として、民衆の胸中に刻み込まれ始めた。

こうしたいくつかが、一九八〇年五月抗争前夜、爆発的な盛り上がりをみせる大衆感情の複合的な要因であったとみることができる。

光州学生運動勢力の性格

全南大学の学生運動は、民青学連世代と教育指標事件世代によって引きつがれ、おおよそ、四つの流れからなった。第一は、学生を動員して学内闘争で運動の起点を築こうとするものであり、第二は、夜学やキリスト教の社会民衆運動団体を通じて接合された労働者・農民の生産現場闘争に身を投じようとするものであった。第三は、完全に地下化した理念小組織で散発的・個別的な闘いを展開しようとするもの。第四は、教育指標事件の核心であった文化運動小組織の宣伝的な文化闘争様式を取り入れようとしたもの。一九八〇年春に、いわゆる運動圏学生(活動家)たちの復学が行なわれたことは、彼らが役割分担を引き受けていた各サークルが統合に進む条件を作り出したものとしての意味を持った。

学生運動の一般的状況により、夜学運動圏出身の朴寛賢(一九八三年、断食闘争により獄中で餓死。当時、全南大学法学部行政学科三年)が、全南大学総学生会長に選出された。彼の民主化に対する信念と民衆の生存権闘争に共に加わろうとする意志は、確固たるものであった。彼が後に、獄内の一般囚人の待遇問題を取り上げて闘い、餓え死にしたのは、このような信念と光州の英霊に対するやるせない悔恨のためであった。彼の演説は、特に道庁前におけるデモ集会の際に、市民に深い印象を残した。全南大学内部では復籍学生が中心となって、「維新摘発」を名分にかかげて御用教授問題を提起し、教育指標事件のため解職された教授らが復職しただけに、他の地域の大学の場合にくらべ峻烈であったといえる。学内では、各学会ごとに行事を行ない、仮面舞踏、農楽、民俗劇会等の文化宣伝活動が活発に展開され、彼らの総学生会に対する支持は絶対的なものであった。一年生中心の兵営集団訓練は、一応応ずることで一段落したが、その拒否闘争過程で獲得された低学年学生大衆の状況に対する深い認識は、継続される徹夜籠城等を通じて、彼らをデモの前衛隊として登場させることになった。

一方、朝鮮大学では、私学財団の不正問題を争点に、学校側とのトラブルを深めた。朝鮮大学民主回復推進委員会は、学校側の暴力を利用した妨害工作のために、結局、学生会を作るという当面の目標を達成できぬまま、五月を迎えるに至った。

2　民衆抗争の発端

街頭デモの発展——五月一四〜一五日

民主化大行進の熱気は、五月一三日のソウル地域での街頭進出に刺激を受けた光州にまで飛火し、全南大学と朝鮮大学でも積極的な街頭進出を企図するようになった。一四日午後一時、全南大学正門で学生たちと対峙した機動警察隊の阻止線は、相当に頑強であった。一万余人の学生は図書館前に後退し、総学生会の指揮下に、いくつかのグループごとに突破区域を分担し街頭進出を試みた。警察の引き続く催涙弾射撃と棍棒の洗礼にもかかわらず、ついに学生たちは第一次阻止線を破り、校門の外に進出した。大学前の阻止線が崩れるや、デモの波濤は止まるところを知らぬように市内全域に広がり、デモ隊は準備した印刷物を通りごとに配布しながら、集結地である道庁前の噴水台に向かって各方面から集まった。警察もすでに積極的な阻止はほとんど放棄し、一万余人のデモ隊は、道庁前の広場を完全に掌握したのであった。

学生たちは噴水台を中心に広場をぎっしりと埋めつくし、「民主化大会」の儀式を進めた。声明書などが朗読される間、通りごとに集まった市民たちは、その周囲に詰めかけ、耳を傾けながら拍手を送ったりした。決起大会を終えた学生たちは、夜間に徹夜籠城を行ないながら学校を守った。

五月一四日のこうした学生の街頭進出は、意外にも警察のこれといった阻止もなしに順調に行なわれた。すでに全国に波及した学生デモの波は止めようもないものとなっており、警察としては阻止どころか、かえってデモの間の秩序維持を学生に頼むといった有様であった。だが、こうした治安不在の空白状態こそが、大破局と大弾圧の嵐を予告する静寂であった。すでに、軍は弾圧用の兵力の配置と待機訓練を開始しており、検挙者リストの作成も終わっていたのである。

全南大学、朝鮮大学、光州教育大学生たち一万六千余人は一五日、前日と同じように道庁噴水台を中心に結集し、「非常戒厳解除」を要求した。全南大学総学生会では、教授たちに民主化運動に共に参加するとの意味のリボンをつけてやったりした。この日民主化の集いでは、全南大学の「時局討論宣言文」の朗読に次いで、光州教育大学・朝鮮大学民主闘争委員会の宣言文、全南大学の『大学の声』その他が朗読され、市民による飛入りの即席演説も行なわれた。そこでの主要な要求事項は、「非常戒厳の即時解除」、「労働三権の保障」、「政治日程の短縮」などであった。

このような各大学の連合デモが可能であったのは、その間に組織された学生運動の力が発揮されたからだ。学生たちの決起大会は、他の地域とは異なり、市民の暖かい呼応を得て、秩序整然と進められた。このときから道庁前噴水台周辺は、学生のみではなく、一般市民も含めて、御用言論の虚像を打ち破り、思い切り真実をぶちまけることのできる場、民主化運動の噴出口となった。

大会が終わり学生が各大学にもどるときには、大型の太極旗〔韓国の国旗〕を六人の学生が大きく広げて行進し、その後を五〇余人の教授と多くの学生の列が続いた。このように教授と学生が一体となった錦南路における民主化行進は、四・一九〔一九六〇年〕教授団デモ以後、はじめての風景であった。

事態の急激な進展につれ、学生運動指導部と総学生会側は、むしろ当初から懸念してきた休校令の可能性をめぐり、危機意識を抱き始めた。維新独裁時代から、学生デモの激化が起こるたびに休校令発動が弾圧方法としてとられてきているだけに、五月に入って学生運動指導部は休校令問題について深く考え、さまざまな対策を検討した。全南大学学生会は、万一、休校令の不意打ちがあった場合、その翌日の午前一〇時に全南大学校門前に集結することに論議を集約していた。大学前集結という第一案が不可能になったときには、次善策として一二時に道庁前の噴水台に集結して街頭闘争を行なうとの方針を立て、学生たちにこの二通りの対策案を広く伝えた。この日〔五月一五日〕も解散しながら、改めてこの方針を確認し、翌日も状況変化がない限り、道庁前噴水台の広場で民主化の集いを開くことを明らかにし、デモ隊はそれぞれ帰路についた。

たいまつ大行進――五月一六日

ソウルをはじめとする全国の各大学が、いったんデモを中断して政局の推移を見守るとの決定を行なった半面、全南の学生運動連合指導部は、五月一六日のデモをたいまつデモとすることを決定した。全南地域の判断としては、五月一六日はちょうど四・一九革命の民族的勝利を踏みにじり、銃剣で執権した〔朴正煕らによる〕五・一六記念日であり、弾圧的局面が来たとしても、状況は全国的に上昇・発展するだろうと判断したためであった。朴正煕軍事クーデターから維新独裁に至るあの一九年間の暗黒を、民主化の大衆的たいまつで照らそうとの考えがこめられた決定であった。

実際に、力と力の衝突において青年層はデモの主体であり、前衛となった。全南青年運動の結集であるといえる緑豆書店と現代文化研究所は、一九七〇年代後半期を経て青年運動圏の諸論議集中の場となった。緑豆書店（金相潤等運営）は創成期の学生運動家の集まりであった「全南拘束青年協議会」の後身であり各種の読書サークルを通じて学生運動活動家を輩出させ、他の地域の多様な情報ルートについての交通整理を行なう役割を遂行した。また、現代文化研究所（金南柱、尹漢琫等運営）は、社会運動各戦線の結集を模索しつつ、非教会運動と現場運動に対する接近を期し、良書組合、民主青年協議会、女性たちの松柏会、そして夜学と文化メンバーの「クァンデ」〔仮面劇等への出演役者のこと〕などの組織を設けていた。

この二つのルートは、青年運動圏の学内、学外運動のさまざまな道を開きつつ、五月に至ってからは多様な物的基盤を構築していた。運動の核心部ともいえるこれらの組織の中で最も深刻に討論されたのは、こうした状況進展の下で軍部とアメリカがどのような対応を示すか、という点であった。事態決定のカギを握っている彼らが、この状況にどう対処するかということが問題の核心であった。ソウルの学生運動指導部がデモ中止を決定した理由の中の一つは、アメリカに対しては従属変数でありながら、国内状況に対しては相対的に独立変数として作用する軍部に対する、それなりの判断があったことだった。誰もが、運動のピーク時には軍部の反動が表面化するだろうことを直感し、実際にそうした兆候が徐々に現われていた。

それでは、軍部が民主化運動に対する武力弾圧を開始したとき、アメリカはどのような態度に出るのだろうか、という点が問題の核心であった。〔当時の学生運動内での〕支配的な考えは次のようなものであった。

「アメリカは、原則的には新帝国主義の象徴であり、絶えずわれわれの民族統一を阻害する当事国ではあるが、現段階では韓国の民主化に彼らの利害が一致している。軍部の長期独裁のために内在的な運動力量が一挙に爆発する場合、急進主義者たちによって反米という状況に引きずられていくよりも、アメリカの利害と相反しない範囲での制度〔体制内〕民主主義や改良的な変革といった方を彼らも歓迎するはずだ。したがって、イランの二の舞いを踏まぬためにも、民主化運動が一定段階以上に高揚するならば、アメリカは韓国政治に対する指導権を、軍部から民間に移すのに協力するはずだ。今この段階での最も大きな変数は、われわれの民主化力量であり、これをいかに実現させ得るかが問題である」

この日の夜、徹夜籠城中の学生たちは、不吉な兆候を捉えた。午後九時ごろ、大学周辺と野山を偵察する軍の何分隊かを目撃したのである。いま一つは、難破船が事故にあう前に鼠が姿を消すのと同じように、全南大学で講義をしていた外国人のすべてが出勤しなくなったという事実だ。

五月一六日のたいまつデモの際には、全市内の消灯計画が検討された。官制言論や放送が、一般市民はデモに否定的だと騒ぎ立てているのに対抗し、本当にその通りなのかを試すとともに、市民の呼応度を測定する方法として提案されたものであった。だが、かえって市民を民間防空訓練のときのように不安に陥れる可能性が多いということで取り止めとなった。他のすべての地域でデモ中止が決定された五・一六記念日に、光州では全南大学、朝鮮大学、光州教育大学、朝鮮大学工専、東新実業専門、松源専門、省仁経商専門、基督病院看護専門および瑞江専門大学などの光州市内九大学の学生三万余人は、午後三時から道庁前広場で時局討論大会を開いた。

討論大会で学生たちは、大学別学生代表が連合して作成した「第二時局宣言文」を朗読した後、復籍生を代表して鄭東年（三八歳、全南大学工学部化工学科四年）がメッセージを読んだ。彼らは午後六時半から噴水台を回り、デモに入った。市内を回ってきたデモ隊は道庁前広場に再び集まり、八時から二組に分かれて「戒厳撤廃」等のスローガンを叫ぶとともに、「正義の歌」「闘士の歌」を歌い、夜間たいまつ市街行進を行なった。彼らは予め準備しておいた四〇〇余のたいまつと、各種のスローガンを書いたプラカードや幟りを持ち、朝鮮大学生を先頭とする一組は錦南路へと戻り、全南大学生を先頭とする他の一組は光州逓信庁―山荘入口―山水洞五叉路―東明派出所―労働庁を経て出発地である道庁前広場で再び合流した。そして、維新独裁と五・一六軍事クーデターに対する膺懲の意味を持った五・一六火刑式を行なった。たいまつデモの過程で警察は、なんらかの事故が起こることを心配して、かなり積極的な協力を惜しまなかった。一六日夜の〔光州の〕警察のこのような反応は、ソウルなど他の地域での学生デモに対する警察の強硬態度とは、かなり対照的なものであった。ある学生は、道に落ちていた煙草の吸殻、紙屑の類を拾い、デモ隊の通過した後の取り散らかった通りをきれいに清掃したりした。

この日のたいまつデモは、間もなく訪れる悽絶な民衆抗争の前夜を暗示する静寂として終わった。平和的なデモではあったが、通りを埋めた人波が多かったし、特に夜のたいまつの光は市民たちを興奮させた。感動した市民たちは、デモに従って両側の歩道を進みつつ、しだいに学生たちと連帯感を強めていった。

この日のデモを終えながら学生運動指導部では、自分たちの主張を政府側に反映させるため時間を与えようとの意見もあり、連日のデモによる疲労をいやし、全国の他の大学と歩調を合わせるために状況の推移を観望した後、一九日からいま一度、討論大会を開く決定がなされた。彼らは、万一デモ休止期間中であっても休校令が下された場合は、直ちに全南大学正門前に集合することを改めて確認し、夜一〇時ごろ解散した。

弾圧の序曲——五月一七日

政府は、このような全国的な学生デモと金大中氏等をはじめとする政治圏、在野圏の運動発展に伴う課題を解決するために、五月二〇日に第一〇四回臨時国会を召集すると発表した。「戒厳令解除」、「政治日程短縮」、「国会改憲特別委員会作成の改憲案受付け」など、時局問題を広範囲に取り上げる、とのことであった。それまで不透明であった政局が、次第にほぐれてきそうな気配すら感じられるようであった。民主化運動指導部では、このような事態変化を楽観的に受けとめたようであった。学生運動圏は特にそうで、五五大学の学生代表九五人が一六日午後五時半から梨花女子大学に集まり、第一回全国大学総学生会長団会議を開いたが、この会議は翌日まで続くマラソン会議となった。

一方この日、湖南高速道路では、空挺部隊を乗せてソウルから光州地方へと息せき切って移動する軍用車両が、多くの人によって目撃された。一七日午後、光州尚武台の戦闘教育司令部では、一千余人の空挺部隊が作戦開始準備を終え、上部からの命令を待っていた。（戒厳軍の公式発表がないので、この部分は確実ではないが、すでに一週間前から配置され、待機訓練中であったし、激しい気合いと外出禁止のため、デモ隊への敵慨心が激化していたとの説もある）。

一七日午後、全南大学総学生会のオフィスに、ソウルから一女子学生のあわただしい口調の電話がかかってきた。「ソウルの各大学学生会長がすべて戒厳当局に連行された」という知らせであった。ついに、憂慮されていた状況が現実化した瞬間であった。すでに戒厳軍による全国的な逮捕が開始されていると判断した全南大学学生会長団は、いったん無等山に逃れた。夜九時ごろ、市内のテジ・ホテルに場所を移し、ソウル地域の状況を掴むべく各所に連絡してみたが、ほとんど連絡がつかなかった。結局学生会長団は、事態の変化を見守りながら、一応各自が散らばり、身を隠すことに決定した。それから一時間も経たぬ後に、警察によるテジ・ホテル急襲が行なわれたが、そのときにはすでに学生運動指導部はそこにいなかった。

夜一一時、ほとんど同じ時刻に、市内各地で民主化運動で指導的役割を果たした青年、在野人士らの逮捕、検挙が行なわれた。彼らは深夜に軍靴をはいたまま室内に入りこみ、拳銃をつきつけ、泣き叫ぶ家族たちを追い散らし、犬を引きずるように民主人士たちを引っ張って行った。宵のうちから潜伏勤務していた警察と保安司令部要員は、民主化運動の核心役をつとめた青年、教授、各運動団体の責任者らを検挙した。辛うじて逮捕をまぬがれた人びとは、光州の周辺に逃れるか地下に潜るかした。

全国の学生運動指導部が不意打ちで逮捕されてしまったのとは異なり、全南大学学生会長団は難を避けるのに一応成功した。だが統一化されていたそれまでの運動指導部が蒸発してしまい、組織的な非常大衆動員能力を喪失してしまったことにより、学生大衆はそのまま放置状態におかれるに至った。

第2部

血と涙の五日間

3　散発的で受動的な抵抗
（五月一八日日曜日　抗争第一日目）

拡大非常戒厳令の宣布

政府は、「五月一七日二四時を期して非常戒厳令を全国に拡大する」と、同日二三時四〇分に李揆現文化公報部長官より発表した。

一九七九年一〇月二七日明け方四時に、済州島を除く全国に宣布され施行されてきた非常戒厳令は、この措置によって現象的には済州島を追加しただけであったかにみえた。だがその隠されたねらいは、民主運動やその可能性に対する徹底した否定にあった。政府の非常戒厳令拡大宣布についての説明は、「北傀［北朝鮮］の動向と全国的に拡大した騒擾等を勘案したとき、全国が非常事態にあると判断」したために、そうした措置をとったというものであった。

だが、表面的な説明とは異なり、拡大措置は、二〇年間の朴正熙軍事独裁体制によって継続されてきた軍事的弾圧を終息させ、また一定程度軍部の影響力を排除し得る可能性のあった一九八〇年初期の「民主化の春」に対する全面的否定であると同時に、変容された形態の維新軍部がその隠された馬脚を現わした最初の踏み出しであった。これは歴史的反動として、そのすぐ何時間か後にやってくる殺戮を予見させる軍一部の反乱であった。彼らは、奇襲軍事作戦を準備中であった。作戦は、緻密で常識を飛び超えた線で進められた。

戒厳司令部は五月一八日零時を期し、権力型不正蓄財嫌疑者と社会不安醸成および学生運動・労働運動等の騒擾の背後操縦嫌疑者を連行するとの名分下に、金大中氏をはじめとする在野政治家、民主人士、そして維新残党勢力中の一部政治家らをも不意に襲って逮捕した。のみならず、彼らは事前に作成されたリストによって、民主化運動の先頭に立った全国学生運動指導部、労働組合指導部、宗教界指導部などを、またたく間に検挙し始めた。また彼らは、民主化勢力のみならず、金鍾泌などの維新勢力・保守右派政治家をも検挙し、ソウルでは金大中氏をはじめとする二六人の在野人士と旧共和党系の政治家が、同時に逮捕、拘禁された。

拡大戒厳令発布の二時間後、全南大学と朝鮮大学のキャンパスに空挺特戦団が進駐した。当時、大学内には、一六日のたいまつデモを終え、引き続いて大学に顔を出し、政府の反応を注意深く見守っていた学生何名かがいた。彼らは、討論を行なったり、椅子上でえび寝をして夜を明かしていたところを、空挺特戦団に急襲された。講義室、図書館、学生活動室などのドアを足で蹴破って入り込んだ空挺特戦団員らは、遠慮会釈なく棍棒と軍靴で、学生たちを踏みにじった。大学に残っていた大部分の学生は本部の建物に監禁され、運のよかった何人かの学生は、講義室屋上と便所によじのぼり、パイプを伝わって降り、無事に外に逃げることができた。

導火線

夜が明けるまでにほとんどすべての主要官公署と通りには、警察、戦闘警察、軍人、空挺部隊などが隙間なく配置され、それらを掌握していた。朝になって占領された通りには、沈黙と不安につつまれた緊張感が渦巻いた。地方の警察支署から狩り出された年配の私服警官らも、通りごとに立っていた。出勤時間のために街なかが騒がしくなり始め、人びとは不安気な暗い表情で路地ごとに立ち、額を寄せてささやきあった。何日か前の夜、この通りを照らし出したたいまつデモの光景はまだ市民の脳裡に焼きついていたが、焼え上がった火影はいっぺんに消えてしまったようであった。錦南路周辺の繁華街と市内の各地では、市民が三々五々群がり、突然やってきた状況変化についての情報を交わし、通りかかった人も足を止め、耳をそば立てる、といった状況であった。

午前九時すぎから、そうしたグループが何人かずつ、付近に立っていた警察官と言い争いをする姿も見られたが、まだ、別に変わった動きは発生していなかった。

ほとんど同じころに全南大学正門前には、学生たちが一人、二人と集まってきた。彼らの大部分は、日曜日であったので図書館に行くとか、学校に置いてきたカバンを整理するとか、あるいは休校令に対処した学生会の決定に応じ、一〇時に大学正門前に集まってみようとして来た人たちであった。校門には陸軍部隊の分隊編成である空挺隊員一個小隊八〜九人が、完全武装をしたまま対峙して立ち、学内に入ることはできないから各自戻れ、と命令した。学生たちは周囲を徘徊しながら、簡単には戻ろうとはしなかった。一〇時すぎには学生数は一〇〇余人になり、彼らの中からは不満のこもった言葉が飛び出した。一言ずつ表出する不満の言葉は群衆の中に反響を引き起こし、それまで人びとを深くとらえていた恐怖心は徐々に薄らいでいった。学生たちが次第に増えるや空挺部隊の中隊長は、直接正門の門柱前まで出てメガホンを持って家に戻るよう警告した。だが、向かい側の学生たちの不満もそれにつれて大きくなり、群衆全体がざわつき始めた。

学生たちは自然に門柱付近に集まって、座り込みを始めた。五〇余人ばかりが座って歌をうたい、スローガンを叫び始め、残りはその周囲でざわめき、立っていた。次第に増えてゆく学生は二〜三〇〇人ほどになったが、彼らは果敢にスローガンを叫び始めた。「戒厳解除」、「〇〇〇〔全斗煥〕退陣せよ」、「戒厳軍引き下がれ」、「休校令撤回せよ」といったスローガンが叫ばれた。対峙中であった空挺部隊の責任者が前に進み出て、万一、即時解散しなければ武力で解散させると脅迫するや、学生たちはさらに大声で歌をうたった。突如、「突撃、前へ」という命令と同時に空挺隊員らがわっと叫びながら学生たちの中に突っ込み、棍棒を打ち下ろし始めた。学生たちもはじめは多少抵抗したが、相手は警察とは違っていた。彼らの棍棒は、鉄のしんがさし込まれた殺傷用の特殊棍棒であった。彼らの顔には殺気がみなぎり、容赦なく頭を殴りつけるのであった。何人かの学生が血を流しながら地面にうずくまった。学生群はあっという間に、七、八人の空挺隊員に押されて路地に隠れてしまった。学生は再び群がり、道の隅に進み出て投石を始めた。しばらく投石戦が行なわれた後、空挺隊員らは前に進撃し出した。彼らは石が飛んできても避けようとはせずにかかって行き、［ねらいをつけた］者を最後まで追いかけ、棍棒でその頭を強打し、失神するとずるずると引きずって行った。三〇分ほど、押しつ、押されつの攻防戦が進められた。だが、暴動鎮圧訓練とゲリラ特殊訓練を受けた最強の空挺部隊と素手で闘うというのは、学生としては無理なことであった。二、三人の学生が先頭に立ち、非組織的な群衆を指揮し始めた。

中心街闘争

隊列を指揮していた学生たちは、ここで闘いを続ければ味方の被害が増えるばかりだと判断し、市内に出て市民に知らせようとして散りはじめた学生［大衆］に、光州駅に再集結せよとどなった。あちこちに散らばった学生は、二、三人ずつ組みとなり、光州では新駅と呼ばれる光州駅前の広場で陣列を再び整えた。彼らは、つい今し方体験し、逃がれ出てきた事実に憤激を新たにしつつ、少しでも早く市民に、暴力の真相と〇〇〇［全斗煥］一派の蛮行を暴露し、軍事クーデターの陰謀を粉砕しなければならないことで意見が一致した。隊伍を再整備した学生たちは、まず錦南路、道庁前広場を目標に進むことに決定し、市外バス公共ターミナルを経て、錦南路のカトリックセンター前まで行進して行った。学生デモ隊は引き続き、「非常戒厳令解除せよ！」、「金大中氏を釈放せよ！」、「休校令を撤回せよ！」、「〇〇〇［全斗煥］退陣せよ！」、「戒厳軍撤退せよ！」などのスローガンを叫び、まだ金大中氏などの在野人士逮捕の事実を知らないでいた市民たちに広く知らせようとした。民主化に対する熱望と期待が、維新残滓勢力と軍一部執権勢力によって無残にも踏みにじられようとしている事実を知らせるスローガンは、たったの二言で十分であった。「金大中氏が逮捕された」、「〇〇〇［全斗煥］がクーデターを起こした」。

農村社会としての後進感と、その反比例としての近代化に対する不満を金大中政権実現への期待で現わしていた民衆動向、一種の地域感情［慶尚道を優遇し、全羅道を冷遇した朴正煕政権の工業化政策とも絡む」を複合的にかき立てることのできるスローガンであったことになる。ちょうどそのころ、市内の錦南路方面には、兵力を載せた軍用トラックが疾走し、往来していた。兵力配備を急いでいるようであった。学生たちは、全南大学正門前から新駅を経て公共ターミナルを回り、カトリックセンターに至るほぼ三キロ以上の道を、別段の阻止も受けることなく一気に進んだ。一一時ごろ、カトリックセンター前道路に集まった学生は連帯座り込みを開始した。その数は五〇〇余人にふくれ、市内の交通は遮断された。方々から数千余の市民が集まり、道の左右に立ち並びながら、学生の数が少ないのを残念がった。

学生たちは引き続きスローガンを叫びつつ、市民の参加を促した。市民たちは沈鬱と憤怒の表情を示していたが、なかなか前には出ることができなかった。その間に、群衆の間に混じっていた学生が参加し、籠城の群は七〇〇余人ほどにふくれ上がった。座り込み開始から一〇分ばかり経ったとき、待機中であった戦闘警察が取り囲んでとびかかり、放物線を描いて催涙弾が炸裂し始めた。学生たちは方々に散って逃げ、警察は彼らを追いかけ、棍棒で殴って捕まえた。彼らは、何日か前のたいまつデモの際とは全く反対の態度を示した。方針が異なって下されたのは明白であった。昨日平穏であったのは、作戦の一部であったに違いない。彼らは多数で襲いかかり、学生を思う存分殴った後に車両で運び去った。

舗道の両側でひたすら眺めていた市民たちは、催涙ガスのこもった煙を避けつつも、警察の残酷な行為に驚きを禁じ得ず、揶揄をとばし悪口を言った。警察兵力数は学生デモ隊より圧倒的に多かったので、学生群は一時ばらばらにされてしまった。彼らは、錦南路周辺の両側の路地に散った後再び集まり、三、四〇人ずつ隊伍ができると、休みなくスローガンを叫び、改めてデモに突入しようとしたのであった。彼らはねばり強く錦南路に出ようとした。多くの学生が逮捕されて行ったが、残った人びとは執拗に散ったり、集まったりを繰り返しながら、路地と路地を一進一退する状態を続けた。

錦南路と道庁前噴水台は、ソウルの中央庁前広場と同じような象徴的な場所であった。地理的に光州の中心地に位置していたことに加え、そこには地方行政の心臓部である道庁と銀行、官公署、事務所、ＹＷＣＡ、ＹＭＣＡ、カトリックセンター、全日放送等の主要機関と施設が集中していた。また、すべての市内バスと車はここを通過しなければならなかったので、一度この地がふさがれると、市内交通の大部分が停滞状態に陥るほかなかった。それゆえ、道庁前で起こったできごとはまたたく間に全市内に波及、伝達されることができたのである。伝統的に四・一九のときから、デモ隊は道庁前広場を目標とし、特に、民主化大会の進行期間であった過去何日かの間、この広場は「民主の広場」と呼ばれもした。以後双方は、この地の死守、掌握をめぐって凄絶な死闘を展開することになる。学生たちは、この民主の堡塁を奪還し、民主化大会当時に主張した自分らの要求を、今一度そこで叫ぼうと決心したのである。


時間が経てば経つほど、状況は学生側に不利となっていった。市民の憤怒は学生と同じであったが、なかなか行動には移せなかったので、孤立、分散した学生たちは、錦南路で次第に押され始めた。指揮経験の豊かな何人かの学生は、ここで引き続いて闘うのは無理だと判断、相当数がもう一度集まるまで警察との無謀な闘いをいったん避け、各路地を回り、散った学生たちを集めようとデモの方向を定めた。彼らは、錦南路の左右に抜け出て、忠壮路、黄金洞、不老洞等に引き続き群がり、歩き回りながら「〇〇〇［全斗煥］が反乱を起こした」、「市民の皆さん、参加しましょう」とのスローガンを叫んだ。

錦南路を中心にして東区側でも、状況はこれに似た形で変化していた。北洞公共ターミナル付近、大韓劇場、市民館、中央国民（小）学校等に分かれたデモ隊は、各所で散発的なデモを行なううち、再びその数を増やした。すでにデモは全市街地に拡大し、警察はスパイを動員して狭い路地裏まで捜索して歩いた。

忠壮路側のデモ隊は、黄金洞、須奇洞、光州公園、現代劇場、韓一銀行などの通りを進み、その数は五〇〇余人に増えた。彼らと、東区側から進んできた二、三〇〇余人のデモ隊は、道中で出逢うことになった。双方のデモ隊にとって、それは胸躍るような感激であった。彼らは、［デモをしているのは］自分たちだけだと思っていたのが、全く異なる所でお互いに熱心に闘っていたことを知り、ほとんど同時に喊声を上げた。合流したデモ隊の士気は再び上がった。彼らが公共ターミナル・ロータリーを経て市民館側に出ようとしたとき、空中からヘリコプターが銃撃を始めた。ヘリは学生デモ隊の進行方向を無線で警察に通報していたので、警察兵力の移動は素早かった。デモ隊は市外バス公共ターミナルに入り、全南の各地に向かう人びとに、自分たちの主張を叫び伝えた。自分たちのデモの情報を地方に広く伝えたいとの心情から、何人かの学生は誰かれなく地方の人をつかまえ、地方へ帰ったらどうかこの状況を広く伝えてほしいとねんごろに頼んで歩いた。警察兵力は直ちに公共ターミナルを包囲した。公共ターミナル内に催涙弾が打ちこまれ、学生デモ隊は必死になって大仁市場側への脱出を試みた。車が入り込む余地のない狭い路地に脱出した学生たちは、少し後に市民館と全南女子高校の間で再び隊伍を整え直し、市内に進出する準備をした。

引き続いてターミナル上空を旋回していたヘリの連絡を受けた警察によって包囲されたデモ隊は、鶏林劇場付近にまで逃れるほかなかった。こうした過程で多数の学生が引きずられて行き、残った学生はほとんど散ってしまった。鶏林劇場付近に散らばった学生たちは、もうそれ以上警察の襲撃にはさらされなかった。だが、最後まで散らずに残った学生は、わずか二〇余人にすぎなかった。上空では依然としてヘリがデモ隊の主力を探すために旋回していた。

二番目の導火線

散らなかった学生たちは、付近の卓球場に入って次の段階の戦略を協議した。彼らの数は少なかったが、全南大学前で生じた最初のデモ触発と同じような、今一つの重要な起爆剤的役割を担うことになる。彼らはすべてが最後まで闘うことを誓い合った後、次の集合時間と場所を決定し、各自、昼食をとるために解散することにした。彼らはまた、午後三時に学生会館前に集結する旨を散らばった友人たちに広く知らせることを決めた。

デモ隊は機動性の大きな小規模グループに分かれ、市内各地で散発的な闘争を展開していた。忠壮路派出所が破壊された。昼食時の前後から、朝から散発的に激烈に行なわれた学生デモは、しばし小康状態に入るようになった。市内中心街の商店はシャッターを降ろし、ほとんど大部分が休業していた。

一方、午後一時ごろスチャン国民学校には、二〇余台の軍用トラックが集結していた。空挺隊は、そこで一～二時間の間に作戦命令を受けて組を再編成した。空挺隊員らは皆完全武装し、頭には投石防御用鉄網のついた鉄帽をかぶり、銃は胴脇にやや斜めに構え、一方の手には帯剣を、もう一方の手には殺傷用棍棒を下げていた。彼らは午後二時から市外バスターミナルを出発点とし、市内各地を回って鎮圧を開始した。

学生たちは、再び午後二時ごろから市内中心街と公園前広場に集まっていた。学生会館前の道と黄金洞隅に集まることにした学生たちは、警察側がすでにそれらの地域を掌握していたので、忠壮路派出所前と大平劇場の間に集まった。三時になると、その数はまた五〇〇余人に増えた。彼らはそこで散発的な投石戦を開始した。公園でも三〇〇余人の学生が投石戦を展開している最中であった。

偵察隊として選抜され、市内を探ってきた学生たちが警察兵力の配置状況を知らせ、デモ隊はこの報告によって直ちに行動を開始した。いまや三千余人に増加した学生たちは、ひそかに警戒網を超え、そちら側に入って行った。学生会館正門前には、二、三〇人の警察隊が、車とガス車の周囲で緊張をほぐしていた。先頭の学生が激しく投石するや、警察側は肝をつぶして逃げてしまった。一斉に突入したデモ隊は、彼らの残した車両と装備をすべて壊してしまった。ある学生が無線機を地面に投げ出すと、他の学生が大きな石を持ってそれをぶち壊してしまった。また彼らは、ほとんど破壊されたガス車を燃やそうとしたが、火がよくつかなかった。誰かが椅子のシートに火をつけ、みなが力を合わせて車体を脇に寄せてしまった。炎と煙が上がるや彼らは歓呼の声を上げた。デモ隊はその場に長くとどまることなく、素早く隊列を整え、迅速に移動した。

午前中に警察側との熾烈な追撃戦の中で何度も分散した経験を持つ学生たちは、中心街闘争の最も重要な特徴である機動性を会得するに至ったのだ。最先頭に指揮者格の一人が立ち、その後に太極旗を持った者が従い、続いてスクラムを組んだ一〇余人の学生前衛隊が歌をうたい前進すると、散っていた群衆は素早く、かつ自らデモ隊列に加わった。こうした方法は、午後いっぱい続いた街頭闘争で引き続き応用された。

午後になってからデモの様相は変わっていた。午前中には五〇〇人程度の少数であったこともあり、警察側の追撃に対応し得ず防戦一方であったが、午後からは学生数も幾何級数的に増え、デモもはるかに組織的、攻撃的な果敢なものに変化した。

街頭闘争の発展

相当数の市民が、デモ学生にパンと飲料水を渡し激励した。午前のデモは市民にとってははじめは頼りなく見えたが、犠牲を恐れぬ学生の持続的な闘争に、次第に「何もしないのが」済まないという感情を持つようになった。そして時間の経過とともに学生数が増えるのを見て、自分たちも一人、二人と参加し始めた。

いまや約一五〇〇人に増加したデモ隊は、スローガンを叫びながら光州市役所に出動し、バラバラに散っていたデモ隊も結集し始めた。デモ隊が光州市役所側に移る直前に歓呼と拍手が湧き起こった。公園付近に集まっていた五〇〇余人が合流したのであった。いまや自信が湧いたデモ隊は、光州市役所横の道路を伝い、旧市役所付近に出た。隊列は旧市役所を過ぎ、忠壮路を入口にして道庁側に進出しようと試みたが、警察が催涙弾を用いてきたので、後に退却することにした。彼らは光州公園後門付近に再集結し、道教育委員会の方向に進んだ。二千余人に増えたデモ隊は、いまや鎮圧される気配もなくなり、引き続きふくれていった。

道教育委員会前を通過したデモ隊は、御用教育機関に対する不満の表示として、同委員会の建物に投石した。

デモ隊は東明洞派出所に向かって突き進んだ。彼らは同派出所をたたき壊し、壁にかかっていた大統領崔圭夏の写真をはずした。一人がそれを頭の上にかざしてみせ、群衆の間からは「かいらい崔圭夏」、「操り人形崔圭夏」、「死ね」といった声が飛んだ。写真は道ばたに投げつけられた。彼らはさまざまな書類と机、椅子を外に放り出し、火の中に投げ込んだ。

デモ隊は万歳を声の限り叫び、真直ぐに池山洞派出所に向かった。そこにも警察官は一人もいなかった。派出所は廃墟となってしまい、警察オートバイ二台と自転車二台、電話、机、椅子などが道の真中で燃され始めた。派出所が壊され、オートバイなどが燃え上がっている中で、彼らがともに歌った愛国歌は、みなを粛然とさせた。

デモ隊と捕虜

続いて万歳三唱を終えたデモ隊は、山水洞五街側に方向を定めて行進を続けた。突然、隊列後尾でわぁっという喊声が起こった。鉄の網ですべての窓を覆った警察兵力輸送用バス一台が、完全武装した警官を満載して法院の方向に向かっているところであった。

学生たちは直ちに石を投げてバスを停止させ、一人ずつ順を追って降りるよう要求したが、彼らはデモ隊の威勢にびくつき、降りようとしなかった。デモ隊が引き続き車に投石したので、車両保護用の鉄網が破損され始めた。警察側はそれぞれ盾を持ち、窓を防いでいた。学生たちは投石を中止し、防護鉄網を打ち破り始めた。鉄網が破られ、ガラスが棒切れで破壊されるや、警察側は仕方なく一人ずつ外に出始めた。デモ隊は彼らが出て来ると即時に武装解除し、一方の側に集めた。この警察兵力は潭陽からデモ鎮圧のために動員された四五人で、そのうちの三人は負傷して顔が黄色になっていた。デモ隊はその三人をタクシーで病院に送り、残った四二人をどう処理すべきかについて論議した。意見は、デモ途中で先に連行された学友たちと人質交換しよう、ということに落着いた。

捕虜である警察側はほとんど中年に見えたが、怖じ気づいており、昼食もとっていないと述べた。学生たちは近隣からパンと飲み物を買い、彼らに飢えをしのがせたりした。捕虜の警察を真中に立て、周囲をぐっと囲んだデモ隊は、道庁側に向かって再び戻って行った。東明路の入口であるチョンサン学院付近で学生デモ隊を横切り、空挺部隊を満載した軍用トラック何台かが通り過ぎた。デモ隊の間に緊張が渦巻き、捕虜として捕まえた警官をそのまま返そうとの意見も現われた。空挺部隊の姿を見たデモ隊はにわかに士気を低下させ、何人かずつで隊列を離れる学生も生じた。結局デモ隊は、捕虜の警官を無条件で全部自由にした。

華麗な休暇

捕虜の警官がすべて自由にされた四時四〇分ごろ、すでに通りを四方から包囲して待機していた空挺隊員らがデモ学生の正面を襲い、攻撃してきた。彼らは警察と協力してデモ隊を分散させた後、それぞれ目標を定め、ねばり強く銃撃してきた。デモ学生を捕まえると、先ず棍棒で頭を殴り、倒れると三、四人が一挙に飛びかかって軍靴で、頭を踏みにじり、背中と脊椎を目茶目茶にし、顔を上に向けさせた後顔面を軍靴で踏みつけ、棍棒でたたき、血のぬかるみを作った。(闘争が激化するに伴ない死亡者の死亡診断は、それぞれ特異な様相を示す。最初は打撲傷、次は刺傷そして銃傷という順序であったとのこと)。

空挺隊員は、血だらけになった犠牲者がぐったりすると、胸倉をつかんで片手で持ち上げ、雑巾を投げるようにトラック上に投げ入れた。また、足と頭を合わせ持ち、左右に何回か振った後、失神している他の者の上に投げたりした。デモ隊は悲鳴を上げ、四方に逃げ散った。

空挺隊員は、男女の如何は問わなかった。三、四人で相手構わず飛びかかり、棍棒で殴り、軍靴で蹴とばし、踏みにじった。もともと空挺特戦団は陸軍の特攻部隊として、敵前浸透、捜索、山岳ゲリラ戦、都市ゲリラ戦、要人暗殺・逮捕、爆破等の非正規戦を遂行するために落下傘降下、上陸、遊撃戦などの特殊訓練を受けた部隊であった。彼らは「華麗な休暇」という名称の第一次作戦から開始し、「忠誠」で終わる第五次作戦までの任務を帯びて光州に投入された。特に第七空挺特戦団は、全斗煥保安司令官の私兵のように育成され、残忍、冷酷であった。彼らは、釜山・馬山抗争［一九七九年一〇月］の際にも、鎮圧軍として投入された経歴のある部隊であった。

彼らは全南大学と朝鮮大学、光州教育大学等に深夜に進駐して、野営しながら出動準備をしていた。午後一時に市内のスチャン国民学校校庭に集結し、学生デモが次第に激化した午後二時から三時の間に市外バス・ターミナル付近に突入し始め、本格的な蛮行を行なった。

これに先立ち午後二時ごろ、市内の錦南路では韓一銀行脇まで警察の防御線が張られ、デモ隊は光南路と交差路付近で散発的な投石戦を展開中であった。ここでは、学生だけではなく、一般市民中の青年層が参加していた。引き続く警察側の催涙弾攻撃に対抗しつつ、デモ群衆は公共停留場付近にまで散った後、また集結し石を投げた。次第に群衆が増えるや、警察側はさらに積極的にデモ群衆を制圧するために公共ターミナル側に押し寄せたが、このとき三時ごろ、空挺特戦団が投入された。

彼らは三、四人が一組となり、学生らしく見える青年を手当たり次第に追いかけ、棍棒で頭を殴り、空を蹴るようにその胸と腹を蹴飛ばした。少しでも反抗する気配を示すと、仮借なく銃剣で腹をえぐった。デモ群衆は、一〇分にもならぬわずかの間にちりぢりに散ってしまった。空挺隊は路地ごとに飛び回りながら、周辺に隠れている青年たちを殴りつけた後、手首を後にさせ、捕縄でしばり車に放り上げた。

車上では武装兵が待ち、放り込まれた学生をまる裸にし、四つん這いにさせ、引き続き乱打した。通りには一気に殺気が渦巻き、路地ごとに悲鳴とむせび泣きの声が入り乱れた。あるときには、ターミナル後方の全く違う路地にまで逃げた学生がついに捕まると、ひざを屈して助けてくれと命乞いした。一人のお爺さんがあまりのことに見かね、身を挺して助けてやってくれと頼んだところ、空挺隊員は「どけ、この野郎」と言いながら棍棒を打ちおろした。お爺さんは血を浴びて倒れ、追われていた学生は空挺隊員から棍棒でめった打ちにされた後、銃剣で背中を刺され、足をつかまれ、引きずられて行った。

また、ある場合はデモ学生が北東郵便局横路地の奥の家に逃げ込み、奥の部屋のタンスの中に隠れた。空挺隊員は直ちに追いかけ、一人で留守番をしていたお婆さんに、いま逃げ込んだ学生はどこにいる、と聞いた。お婆さんが全然知らないと答えるや、「この馬鹿アマめ、嘘をつきやがって。味を少し見たいか」と言いながら棍棒を打ちおろし、失神させた後、家の中の隅々を探し回り、最後に奥の部屋に軍靴で入り込み、タンスの中の青年を引きずり出し、棍棒で無茶苦茶に殴り、引きずって行った。

光州一高付近では、通りかかった女学生を何らの理由もなしに捕まえ、髪の毛を引っ張って引きずり、軍靴で蹴りつけ、上着とブラジャーをはぎ取り、多数の市民の眼前で、「このアマめ、デモだと？　くたばれ」と言いながら、血まみれとなり失神するまで、拳骨と軍靴で殴り、蹴り続けた。公共ターミナル付近では、通りかかった市内バスを全部停めて車内を検問し、学生らしい者は有無をいわさず引きずり出した。学生ではない青年が若干反抗すると、空挺隊員七、八人が飛びかかって乱打した後、「光州の野郎どもは全部死んでしまえ」と大声を上げた。バス・ガイドが少し反抗の気配を示すと、「おい、お前は誰だ」と言いながら棍棒で殴りつけ、彼女を失神させ、車外に転落させた。バスの停車位置が何メートルかずれると、直ちにバスに飛び乗って運転手の背中を後から殴った。

空挺隊員らは赤い顔をし、目も酒気と殺気で赤く充血していた（二二日に市民軍によって捕虜にされた何人かの空挺隊の陳述によれば、彼らはこのとき出動する前に強い酒に幻覚剤を混ぜて飲んだ状態で、水筒には焼酎をつめていた）。このような蛮行が行なわれた三〇分後、空挺隊が他の場所に移動するや、それまで息をひそめて惨劇を見守っていた四、五〇歳代の住民とおかみさん、お姿さん、お爺さんらが怒りと悲しみのあまり、道に座り込んで慟哭を始めた。

あるお爺さんは、「こんなことがあってよいのか。自分は日帝時代にも恐ろしい巡査をたくさん見、六・二五〔朝鮮戦争〕のとき共産党のやることも見たが、これほど残忍に人を殺す奴らははじめて見た。学生らに何の罪があってこんなことをするのか。罪があったとしても、こんなことをしてはならない。彼奴らは国軍ではなく、人間の皮をかぶった悪鬼だ」と言いながら慟哭した。またある中年の男性は、「自分はベトナム戦争に参加してベトコンを殺したこともあるが、あんなに残忍ではなかった。あんなやり方で殺すのではなく、そのまま銃で殺せばよいではないか。あいつらをぶち殺さなければならない」と言って嗚咽した。通りのすべては血と汗、泣き声の海となった。

空挺部隊が進入した所ではどこでも、三〇分も経たずしてしんと静まりかえるようになり、道端にはところどころ血が流れていた。東明洞入口でも、最少限四〇余人の若人らが殺傷された。午後五時ごろ、チョン・サン学院前の殺傷劇を最後にして、学生デモは無残に踏みつぶされてしまったかのようであった。一度殺傷を開始した空挺隊はそこにとどまらず、市内中心部の至る所を捜索しながら、商店、喫茶店、理髪所、飲食店、事務所、民家、撞球場等をしらみつぶしに探し、まだ隠れたまま逃げ出せないでいた学生を殴りつけ、引きずり出した。

午後七時ごろ、鶏林洞の光州高校付近で、青年と学生数百人が再び空挺隊と衝突した。だが、そのころには青年・学生たちも、少し前に展開された殺傷劇をしっかりと目撃、もしくは伝え聞いていたので、防御用の武器として角材とパイプ、庖丁などをたずさえていた。空挺隊と果敢にぶつかったデモ隊は、以前のように「簡単に」引き下がりはしなかった。死を恐れず闘おうと、覚悟したのであった。道路は血で赤く染まった。双方は負傷者を引き続き出しながら、熾烈な攻防戦を展開した。やがて空挺隊が押され始め、山水洞五叉路方面に逃げ出したが、デモ隊が追撃すると途中で増援兵力を加え、反撃を開始した。

劣勢に陥ったデモ隊は四方に散り、近隣の住宅街に身を隠した。空挺隊は周囲を包囲し、夜を徹して山水洞、豊郷洞一帯をしらみつぶしに探し、学生らしく見える若い者は、手当たり次第に引っ張って行った。

全南北戒厳分所は午後六時に戒厳分所通告第四号を通じ、光州市内一帯の通行禁止時間を九時に繰り上げると発表し、各自、早く帰宅するようにと促した。若い人たちの連行は一晩中行なわれ、各地で悲鳴と悪口の声が絶えなかった。この日の夜の暗闇の中でのできごとは、電話や口伝えで伝えられ、空挺隊の蛮行についての情報は、光州全地域にまたたく間に広がった。市民たちは、家族同士で手をしっかりと握り合い、恐怖と憤怒を抑え、一睡もせずに夜を明かした。

地下宣伝活動

一方、この日、それまで組織された運動勢力といわれた諸団体は、どんな状態にあったかを見ておくことにしよう。

労働運動団体は、当日二箇所で労働者教育を実施していた。一四日から一六日までの民族民主化大会とたいまつデモを見守った労働運動界の人士らは、民主化への熱気の高揚を直感し、八〇年の年初から開始された湖南電気賃上げ闘争についての反省と、非民主的な労働風土改善のための意識化教育の必要性から労働教育を計画、一八日朝から午後四時にかけてそれを実施した。全南大学正門前のサレジオ高校内にある修道院では、JOC(カトリック労働青年会)が主催する労働教育が、湖南電気、三陽製糸等の、主として女性労働者を対象に実施されたが、講師は李昌馥氏であった。市内のYWCAでも詩人文炳蘭氏を講師にして、三陽製糸、日新紡織、全南製糸、全南紡織などの、計九〇余人の労働者が参加した労働教育が進められていた。この日実施された労働教育の内容は、「闘争」であった。

教育が進められている間に、外からときどき伝えられるデモの情報は尋常なものではなく、終わるころには労働者たちも、組織的に対応すべきかどうかで迷わざるを得ぬ状況となった。万一、全員が組織的にデモに参加した場合、後に責任の所在問題などが生ずることになるとの判断下に、いったん解散し、個人行動として出て行くことに決めた。この日午後から市内周辺部の山水洞、鶏林洞付近では、印刷物がまかれ始めた。それは、午前中に起こった空挺部隊の虐殺と蛮行、事態の真相を告発する内容のものであった。

印刷物は、全南大学内で「大学の声」という地下印刷物を発行した人びとと、現代文化研究所の文化宣伝隊「クァンデ」会員らによって制作、発刊され始めた。彼らは、学生会と在野民主化運動指導部が地下に潜ってしまった状態下で、ほとんど自然発生的に飛び出してきた学生・市民デモを組織的に指導していくためには、暫定的なものであれ、学生運動の指導部としての学生会と在野勢力が引き続き存在していることを、大衆に認識させせようとの意図を持っていた。また一般市民には、警察と空挺部隊の残忍さを知らせせなければならないとの考えの下に、市中心部で発生した状況を周辺部地域に広く伝えるために、直接配布を開始したのだ（彼らは四日後、それまで各地で散発的に制作、発行作業を行なってきた各チームを統合し、「闘士会報」なる民衆言論・宣伝手段が作られたとき、その中軸的役割を担当してゆくことになる）。

政府側の動向

一九七九年一二月一二日のクーデターで、すでに情報政治の核心を掌握した全斗煥保安司令官兼中央情報部長代理は、アメリカの時事週刊誌『タイム』東京支局長ラインゴールド記者とのインタビューを行なった。［同誌は戒厳令拡大措置発表直前に発売された］。そこで彼は、韓国は地政学的位置のため絶えず侵略の脅威にさらされて来ており、現在も戦争の脅威が露呈していて非常に困難な状況下にあると指摘。北傀の尋常でない動向について述べつつ、現在の韓国に必要なのは自分たちの状況に適合する政治制度であり、いまこそ創造的な民主主義を開発せねばならない時点だ、と語った。崔圭夏大統領は一八日午後四時三〇分、五・一七措置と関連して、大統領特別声明を発表した。その中で彼は、最近の騒擾で引き起こされた社会的混乱状態がこれ以上継続されるならば、国家の基幹を根本的に揺るがす恐れがあり、国家を保衛し、三七〇〇万の国民の生存権を守るため、必要な措置をとると述べた。

ジョン・ウィッカム韓米連合軍司令官は五月一四日に本国に一時帰国し、最近の韓国情勢と関連し、韓半島周辺情勢等についてワシントン当局と協議して二七日に帰任する予定であったが、「それを繰り上げ」一八日午後七時に急拠、帰任した。

4　積極的攻勢への転換
（五月一九日月曜日　抗争第二日目）

学生デモから民衆蜂起へ

恐怖の一夜を明かした市民や学生たちは、夜が明けるや、状況がどんな具合になっているのかと外に出始めた。学生や若い人のいる家庭では、大変心配した。前夜帰宅しなかった学生の父母は、一晩まんじりともせずに過ごした。また、それまで変わったことのなかった家庭でも、空挺隊の無差別的な殺戮を避けるためにも市内にいたのでは危険なので、田舎に避難した方がよいと、父母が強く勧めた。それに従って相当数の学生が田舎に出発し、まだ光州市内に残った学生には、全家族が寄ってたかって外出させないようにした。

大学を除いた初、中、高校では平常どおりに授業が続けられ、市内中心部の商店街は休業したが、官公署や一般企業、工場等では大体、正常勤務が行なわれていた。明け方から軍人と警察が全市内にわたって厳重な警備を行ない、錦南路では、一切の車両の通行が不可能にされた。市民の往来が少ない所でも、おおむね戒厳軍一個小隊ほどの兵力が駐屯し、通行中の青年や車両を検問、統制した。特に工業団地地帯である光川洞付近では、すべての車両がいったん停止させられて検問を受け、一般市民も検問を受けた後でなければ通過できなかった。市場付近では、商人たちがまだ商品も広げないまま、前日各所で自分たちが目撃した事実に関する情報を寄せ合い、語り合った。

都市全体に心臓が止まるかのような緊張感が渦巻き、市民の胸のうちでは沈痛感と憤怒の炎が赤々と燃え上がり始めた。彼らの素朴な推測はまちまちであった。「金大中を捕まえて殺し、光州市民全部をふん捕まえようとするのか」、「空挺部隊は慶尚道［出身］兵力だそうだが」、「全羅道の人間は皆殺しにしても構わないと言ってるそうだが」などと路地ごとに各所で前日のことを語り合ううち、話は尾ひれをつけて広がり、人びとはみな憤怒に共鳴し始めた。市民たちは、このまま、こうしている場合ではない、市内に出てどんな風に動いているのか見てみる必要があるということで、四方から錦南路に向かい始めた。

午前一〇時になると、錦南路をびっしり埋め尽くした群衆は三、四千人に達した。時間が経つにつれその数が増えるや、お互いに圧迫者を前にした同じ被害者としての一体感を確認しつつ、沈黙でもって軍・警の阻止線をにらみつけていた。この人たちの中には、すでに学生の姿はほとんど見られず、自由業に従事する小商人、家計補助員、周辺住民、婦女子などがその大部分を占めていた。数千人にふくれ上がった市民を見ていた軍・警は、拡声器と軍ヘリコプターを用いて、解散するようにと促した。だが誰一人としてこれに従おうとする気配は示さず、上空のヘリに向かって拳をふりかざし、罵声を浴びせかけた。

一〇時四〇分から、警察は積極的に群衆を解散させるため催涙弾を使用し始め、市民は散発的に投石を始めた。市民たちは催涙弾ガスが深く立ちこめると、近くの路地の住宅や商店にいったん避難した後、また群がり集まるというやり方を繰り返した。彼らは、道路際の大型フラワーボックスを横倒しにし、舗道のブロックをはがして投石し、ガードレールや公衆電話ボックスなどを利用してバリケードを作り、闘いを開始した。

デモ隊の中に混じっていた学生、青年たちは「愛国歌」、「正義の歌」、「われらの願いは統一」などの歌をうたい、デモは次第に戦闘的なものに発展していった。青年たちが近くの中央路地下商店街の工事現場から角材と鉄筋、パイプなどを運び、自己武装を開始した。いまや武器としては、石や角材だけではなく、火炎瓶も登場するに至った（この日午後になって、大量の火炎瓶がデモ隊の手に渡ったが、これは午前中から市内の緑豆書店をはじめとする各地の住宅街で製作されたもの）。警察と市民の衝突が開始されてから三〇分過ぎて、軍用トラック三〇余台に分乗した空挺部隊が道庁前と光南路四叉路に進出し、デモ群衆を包囲、圧縮し始めた。彼らの鎮圧は残忍さをきわめた。彼らはあたかも、何日も飢えていた猛獣がうまそうな餌食の塊を発見したかのように、デモ群衆に襲いかかった。

空挺隊員らは正面から石が飛んで来ても避けようとはせず、そのまま真直ぐに突進した。棍棒と銃、銃の台尻、帯剣などで殴りつけて散々に打ちのめし、突き刺した。彼らの軍服は、デモ隊の流した血で真っ赤に染まっていた。市民たちは、多数の犠牲者を道路上に残してばらばらに散った。彼らは、空挺隊のよく訓練された組織的暴力に押されて路地に逃げ込み、一般住宅や喫茶店、事務所、商店などに隠れたが、空挺隊による殺戮は前日と同じ形で繰り返された。彼らはどこでもドアを蹴って入り込み、若い人であれば男女の別なく棍棒で乱打しては、道路へずるずると引きずって行った。捕まった人が、自分はデモには参加していないのに何故こんなことをするのか、と抗議でもすると、その人は即座に内股や脇腹を帯剣で刺された。

空挺隊員は三、四人が一組となり、周辺の建物内をしらみつぶしに探した。彼らは道ばたに引きずり出したデモ隊の捕虜を、できるだけ多くの人が見ている前で裸にし、頭を押さえつけ、軍隊のゲリラ訓練場で実習する過酷な気合をかけた。捕まった人たちはパンツだけの裸体で、火炎瓶と石のかけらが散らばっている通りの真ん中で、後手にしばられたまま脇腹と下腹だけで這わされる「おたまじゃくしの匍匐と鶏の丸焼き」、「元山爆撃」〔いずれも、ゲリラ戦用の残虐な迫害方式〕などの残忍な仕打ちを受けた。

女性であっても、捕まると上着はむろんのこと下着までずたずたに裂いて広げ、下腹や乳房を土足で蹴りつけて目茶目茶にし、または髪の毛をつかんで頭を地面に、ごつんごつんと音がするまでぶつけた。自分の手に被害者の血がつくと、笑いながら相手の体になすりつけるといった具合であった。そして、軍用車が来ると雑巾のように犠牲者を投げ込んだ。

捕虜には「元山爆撃」などをやらせ、〔自分たちは〕互いに交代でトラック上で騒いだり、下へ降りたりした。それは、暴力テロといった程度のものではなく、地獄の風景であった。目撃した人びとは後に、彼らが同じ民族だとはとても考えられなかったし、その考えは今でも変わりないと語ったほどであった。空挺隊は彼らの作戦名称どおりに、「華麗な休暇」を心ゆくまで味わっていた。

彼らは路地ごとに歩き回りながら、すべてのビルの屋上と窓から外を見ることができないようにした。「窓を閉め、カーテンを下ろせ」と大声を上げたのであった。また彼らは、殺戮が行なわれる間装甲車を動員し、街のさまざまな通路を遮断、包囲した。あたかも、市民を全滅させようとするかの如き気配であった。空挺隊の暴力は、市中心街のみに限定されたものではなく、市内全域にわたって行なわれた。市外に逃れ出るためにバスに乗った学生も捕まり、空挺隊は車両を検問する際に運転手が少しでも不満な表情を示すと、引きずり出して乱打し、放り出した。彼らは、バスやタクシーに乗っていた市民中の若い人は容赦なく引きずり降ろした。

一二時ごろ、錦南路一街所在の無等考試学院で指示を無視して外を見物していたとして受講生五〇余人が空挺隊によって外に追い出された。外で待機していた他の空挺隊員が、追い出されてきた学院生を棍棒で手当たり次第に殴った。彼らがみな気を失い、血まみれになって倒れると、その上を踏みつけて歩き、蹴った。しばらく後に軍用トラックが到着すると、彼らは一人も残さず犠牲者をその上に放り上げた。スチャン国民学校の前では、デモ群衆の中から引きずり出した青年を裸にし、多数の市民の目の前で棍棒で乱打した。はじめは悲鳴を上げたが、やがて顔が血みどろになった青年はぐったりとなってしまった。

各地で続出する負傷者を、タクシー運転手が自発的に病院に運んだ。だが空挺隊にこれを発見された場合、タクシー内の負傷者が引き出されて殴られるのはむろん、運転手まで殴りとばされた。彼らは、負傷した市民を運ぶ警察にまで棍棒をふるった。空挺隊の指揮官であったある中佐は、負傷した市民の輸送を指揮していた安暎沢全南道警作戦課長に「負傷した暴徒を奪い返されたり、デモ学生を逃したりすると、お前らも同調者として扱うぞ」と暴言をはいた。空挺隊の蛮行を見ていた警察の一幹部は、忠壮路周辺の路地に立っている市民たちに「早く家に帰れ、空挺隊にひっかかったらみな死んでしまう」と涙声を出した。

空挺部隊の狂気じみた殺戮鎮圧のために、この日午前のデモ群衆は、完全に壊滅したかのようになり、昼どきには市内はガラガラになったまま、沈痛な静寂に覆われていた。錦南路では交通が完全に遮断され、道庁前では再び機動警察がバリケードを築き、警戒に入っていた。

一しきりの殺戮が台風のようにかけ抜けた後には、軍が市内の要所を守る中、休業状態の街なかを、外国人記者と外国TVカメラマンらが飛び回る姿が見られるだけであった。

生存のために

午前中に展開された空挺特戦団の殺戮蛮行をはっきりと見た市民たちは歯ぎしりしながら、こうなったら誰もがいかなる犠牲を払ってでも直接闘い、彼らを殺し、光州から追い出さなければならない、との決意を固めるに至った。

午後からは、大衆の闘争が質的な変化を示し、展開され始めた（光州五月抗争の全期間を通じて看取されるところだが、闘争の進展過程で市民は何回かの契機を超えつつ、質的に高揚していった。この日午後の闘争が、まさにそうした質的飛躍への最初の契機となった）。一九日午前からデモ隊の中心勢力が学生から一般市民大衆へと変わって行く中で、それまでの散発的・非組織的な受動的抵抗と、空挺部隊の残忍な鎮圧によって被害のみを受けていた守勢局面から、攻勢への転換が開始された。すなわち、空挺隊の残虐行為は、潜在していた民衆の闘争力量を暴力的な方向でもって対応、噴出させる起爆剤となり、恐怖はなくなり、熾烈な連帯感と憎悪のみが残されることになったからだ。

民衆は、自らの生存権、人間としての尊厳性を守るために、自らの根源的［な権利である］暴力行使を開始し、闘争は攻勢局面に入るに至った。それからの闘争は、以前にくらべてはるかに熾烈な様相を呈するようになる。すでに、学生デモ程度の激しさではとても空挺隊のやり方には対抗できぬことを感じた群衆は、非組織的デモの弱点でありながらも、運動の一定段階では利点にもなる特有の無政府的な破壊本能を活火山のように爆発させ始めた。

午後一時半ごろ、空挺隊は昼食をとるために朝鮮大学キャンパスにしばし移動した。錦南路では空挺隊の警備兵力と警察兵力のみがバリケードを守っていた。路地ごとに隠れていた市民たちは、ひそかに錦南路に向かって集まった。またたく間にふくれ上がった人びとの数は、午前中よりはるかに多いものとなった。群衆は錦南路の両側を遮断した警察に石と火炎瓶を投げ、押し寄せた。午前のデモ隊列には見られなかった四〇歳代以上の中年層と婦女子も多く混じっていた。軍と警察もひるまず持ちこたえ、石と火炎瓶、ガス煙と解散命令放送の声が阻止線の前で錯綜した。

押しつ押されつの攻防戦の中で、ある青年がカトリックセンターの車庫から四台の乗用車を引き出し、座席にガソリンをふりまき、火をつけてエンジンをかけたまま軍側バリケードに向かって押し込んだ。そのうちの一台はCBS〔基督教放送〕の取材車であった。軍と警察は催涙弾使用など、全力を上げてそれを阻止しようとした。激しい攻防戦であった。車がバリケードに突き当たり、爆発すると群衆は歓乎の声を上げた。直ぐ続いて、錦南路二街の第一教会新築工事現場から石油のいっぱい詰まったドラム缶二個が発見され、青年たちがそれに火をつけ、軍・警側の阻止線に向けて押しやった。そのうちの一つが爆発し、炎が高く燃え上がった。デモ隊は一層ふるい立ち、闘いはさらに激しくなった。

軍・警も、ガス車と催涙弾だけに頼ったわけではない。彼らは突如、デモ隊の正面に接近して棍棒と銃の台尻、帯剣をふりかざして相手を突き崩した後、元の位置にもどった。散らばったデモ隊はデモ隊で、しばらく後にはまた結集した。

デモ隊は、道路脇の大型フラワーボックス、公衆電話ボックス、ガードレール、バス停立看板などでバリケードを築き、舗道のブロックを砕いて石屑をこしらえた。ブロックを砕く作業はデモ隊の後尾や中間にいた主婦や娘さんたちが担当、これを直接投げる仕事は青年たちが担当するという具合に、前衛と後衛の役割分担が行なわれた。地下道工事現場で働いていた人夫たちも、武器になりそうな諸道具、角材、鉄筋などを引き続いてデモ隊に運んでやった。

午後三時ごろ、軍用ヘリ二機がデモ隊の上空を低空飛行しながら声明を放送し始めた。「市民、学生の皆さん、理性を失うと混乱が増します。ためらうことなく即時に解散し、家に戻りなさい。皆さんは今、極く少数の不純分子と暴徒によってそそのかされているのです。彼らに加担したりすると、家庭と個人によからぬ結果となります。その際われわれは、どんなことになっても責任は持てません」と言いつつ、ビラをまいた。その内容は放送どおりのものであった。市民らは、各自持っている角材や鉄筋などを高くふりかざし、空に向かって叫んだ。「あいつから殺せ！」、「ヘリコプターをたたき落とせ！」、「そうだ、貴様らが言うとおり、われわれ全部が暴徒だ。殺すんなら殺してみろ！」

このころにはすでに錦南路のみではなく、忠壮路入口にまでデモ群衆があふれるようになっており、光州市内全域とMBC［文化］放送前でも、出動した軍隊と対峙していた。

そのとき突然、わぁという喊声がして五〇〇余人の青年たちがカトリックセンター前へ押しかけて行った。昼食のために同センターの警備を受け持っていた空挺隊兵力が離れたので、その場所には少数の兵力のみが残り、センター九階の屋上では六人の空挺隊員が、デモの状況を無線で本隊に連絡している最中であった。それを見た青年たちは、建物内にいた何人かの空挺隊員を武装解除の後、人質とした上、直ちに屋上に向かってかけ上がって行った。屋上にいた六人の空挺隊員は、とびかかって来る青年たちに棍棒と帯剣をふりかざして頑強に抵抗した。青年のうちの何人かが帯剣に刺されて倒れたが、ひるまずに一斉に投石した。それにたじろいだ空挺隊の隙をついて一挙に襲いかかり、棒切れや鉄パイプでたたきのめした。ある青年は空挺隊員から奪ったM16小銃を頭の上にふりかざし、道路上のデモ隊に見せた。

建物内に入った青年の生死がどうなったのか、息をこらしていたデモ群衆は「わぁ、勝った」と声をはり上げ、拍手をした。石油缶の爆発とバリケードの破壊、デモ青年の部分的な勝利等は、デモ群衆の士気をさらに高揚させた。だが、勝利の瞬間はわずかであった。

三時半ごろに昼食と休息を終えた空挺隊が道庁前と光南路四叉路を包囲し、群衆を圧縮してきた。ガリバー50機関砲を備えた装甲車がデモ隊に全速力で接近し、デモ群衆は石を投げ、角材をふりまわしつつ、道の両側に退却した。空挺隊は気が狂ったかのように突撃し、逃げ遅れた市民を手当たり次第に虐殺し始めた。カトリックセンター内で人質にした捕虜を守っていた青年たちは、不意に突入して来た空挺隊によって、顔の見分けもつかぬほどのひどい殺され方をした。死体は通りに放り出された。

闘って死のう

錦南路三街地下商店街工事現場に逃れたデモ群衆の一部は、同現場の労働者たちの助けを受けて角材で対抗し、光州公園方面に退却していた。空挺隊は逃げる隊列の後尾を引き続き踏みにじり、どこまでも追撃した。公園の上がり口で事態を見ようとしていた主婦たちも、空挺隊の無差別な殴打を受け、それを制止しようとした老人らも棍棒を見舞われ、頭から血を出しながら倒れた。このありさまを見ていたデモ群衆は、どこから力が湧いたのか、退却から立ち直った。そして「よし、みんな死ね！」と叫びながら、空挺隊の正面にぶつかって行った。

にわかに攻撃に転じたデモ隊に、相対的に数の少ない空挺隊は仰天しながら逃げ出し始めた。そのうちの一人が隊列から遅れ、楊林橋方面に逃げたが、怒りに震えた市民らは彼をとことんまで追いかけた。空挺隊員は楊林橋を過ぎ、光州川にかけ降りた。追撃した市民らの投石を背後から受けて前に倒れた空挺隊員に、さらに憤怒にみちた市民の石が無数に投げつけられた。

良洞市場付近でも似たような状況が展開された。デモ隊を追いかけてきた二人の空挺隊員が、アーケード商店街二階に一青年を追い上げた。それを見ていた市民たちが、さらに空挺隊の後を追った。空挺隊員は完全に孤立し、包囲された。怒りたった市民と青年たちは血を流しつつ、棍棒などで向かってくる空挺隊員と角材で闘った後、彼らをたたきつぶし、それを二階の窓から投げ飛ばした。良洞市場の入口では追撃中の空挺隊員が、露店商の小母さんの商売道具が進路を邪魔したとして彼女の下腹を軍靴で蹴りつけた。彼女が悲鳴を上げて倒れるや、周囲にいた老人たちが立ち上がって近づいた。空挺隊員は老人にも棍棒をふるった。「貴様らのために捕まえた奴らを逃がした」と大声を上げた。そのとき追われていた青年たちが戻ってきた。彼らの目にも殺気があふれていた。見幕に驚いた七、八人の空挺隊員は逃げ出したが、そのうちの逃げ遅れた者を群衆がとり囲んだ。そして良洞橋の下に追い詰め、石で彼の頭を殴り、撲殺した。

一方、空挺隊に押されてＭＢＣ放送方面に出たデモ隊列は、中央国民学校の校門付近から火炎瓶を投げながらＭＢＣ付近にまで達した。彼らは同放送局の中に入り、ガラス窓と器物を破壊した。ＭＢＣ放送局は、翌日完全に焼けるまでに三度、市民の攻撃を受けたが、これがその第一撃であった。デモ隊は同放送局の倉庫から取材車二台と他の乗用車三台を引き出し、火をつけた。そして同放送社長が直営し、局のすぐ脇にあった文化商事（電子製品販売業）に火をつけた。軍事独裁体制の手先である官制言論への敵慨心等の現われであった。このとき連絡を受けた空挺隊が進撃して来て、再び帯剣と棍棒による虐殺が開始された。生き残った人びとは辛うじて光州高校方面に逃れたが、そこでも同じような虐殺が行なわれた。午後から市民は光南路、忠壮路等で散発的なデモを展開し、闘いは次第にその地域的範囲を拡大しつつあった。

蜂起の拡大

午後四時半ごろには、東区鶴洞と南光州駅前等の周縁道路付近にまでデモが拡大した。市内各地で空挺隊の残忍な鎮圧に対抗し、青年・市民たちが血を流しながら抗争していた。この日、戒厳軍は何度かにわたって増強され、警察兵力も、木浦・麗水地域を除く全羅南道内八警察署からの選抜人員一八〇〇余人によって増員された。だが、市の全地域に拡大したデモを鎮圧することはできず、ようやく幹線道路と作戦上の主要地点、および周縁地域と連結する国道を確保し得ただけであった。

午後には、高校でも校内デモが起こり始めた。生徒たちが前日目撃した空挺隊の蛮行は、各学級に広く伝えられ、教師と生徒のいずれもが授業に身が入らなかった。自分たちの兄や姉、はなはだしくは父母やお爺さんまでが空挺隊の帯剣で刺され、倒れる光景を想像したとき、彼らは大人しくこらえてはいられなかった。午後四時ごろ、全南高校、大同高校、中央女子高校の生徒たちが授業を拒否して校庭に集まり、市街行進を行なう気配を示した。校門には早くから戒厳軍が進駐し、銃剣を構えていたので、彼らの市内進駐企図は挫折した。同じ時刻に光州周縁所在の光州女子高校と青光高校の生徒も、授業を拒否し籠城に入った。

高校生らは、二〇人ないし三〇人で一組となり、デモ隊に参加し始めた。彼らは、水火をも厭わぬ一〇代特有の情熱のためであろうか、多くの犠牲を出しながらも、全身をもって正面から空挺隊にぶつかって行った。最も大きな犠牲を出した高校生の凄絶な闘いは、市民の抱いていた恐怖心を取り払うことになった。全南道教育委員会は、光州市内の全高校三七校に対して、二〇日を休校日とするよう指示した。午後四時半ごろ、公共ターミナルの上の方の旧駅（現在の新駅ができるまではここに光州駅があったので旧駅と呼ばれる）四丁目で、中年の奥さん（全玉珠）がスピーカーで叫んでいた。

「私は共産党でもなければ、乱動者でもありません。単なる善良な光州の一市民にすぎません。何の罪もなくして、わが学生や市民が殺されるのを、これ以上傍観することだけはできません。私たちみんなが立ち上がりましょう。学生たちを助けましょう。戒厳軍を追い出し、私たち自身の光州を守りましょう」

全玉珠さんの街頭放送に呼応した市民をまじえて数千人にふくれ上がったデモ隊列は、市内進出を企図した。しばらくして空挺隊が車両でかけつけ、また、血まみれの闘いが繰り広げられた。デモ隊は、公共ターミナル・ロータリー付近に押しやられた。空挺隊の中隊兵力が旧駅付近の消防署を守っていた。追われた市民たちは、再びロータリーの真ん中へと徐々に押しやられた。千余人の群衆が集結すると、学生とおぼしき青年が一人前に出て、涙声で自分の親友たちが空挺隊員によって殺された経緯を語り、われわれはこの仇を打たなければならないと叫び、公衆電話ボックスとガードレールを壊した。市民たちはこれに加わり、またたく間に公共ターミナル後門、旧駅方向にバリケードが作られた。舗道のブロックを砕き、石ころが沢山用意された。何人かの勇敢な青年が、倒れた公衆電話ボックスの陰に身を隠し、それを遮蔽物にして押し立て前進した。空挺部隊との距離が五〇メートルに縮まるや、一斉に投石を始めた。

催涙弾が飛んで来ると一たん後退し、また前進するのが繰り返された。戒厳軍後方に待機していた装甲軍が突然正面に現われ、バリケードを壊し、道の真中にいた市民を両側に分散させた。だが、デモ群衆は再び集結した。熾烈な攻防戦が続くうちに市民の数は三千余人に増えた。突然、錦南路側の光南路を伝わって空挺隊を載せた軍用トラック一〇余台が乗りつけた。空挺隊は、デモ隊の後部を強打し始めた。彼らも、分散すればデモ群衆に包囲され、殺されるということを知り、以前のように群衆の間深くにまで追撃することはしなくなり、一個小隊規模の列を作って動いた。デモ隊が散りそうもないと見るや、多くの催涙弾を使った。デモ隊は周辺の路地に逃げたり、直ぐ脇の公共ターミナル三階の屋上に上がり、石を投げたりした。少し後にその箇所で捕まった青年、学生一五人ばかりが、ロータリーの中で頭を地面につけられたまま縛られ、腹這いになっていた。その中の高校生の一人が突然立ち上がり、必死になって逃げ出した。市民は拍手をして歓呼した。三人の空挺隊員が棍棒をふりかざして襲いかかるや、市民も一斉に群がり寄った。空挺隊員は驚いて逃げ出した。

公共ターミナル地下道内に追われて行った市民たちは、何も見えない暗い地下道内で、空挺隊員に思いのままに扱われて息を引き取った。ここで死んだ大部分の人が刺傷によるものであり、ほとんどが二、三箇所に傷あとがあった。多分、好き放題に刺したのだろう。公共ターミナルのオフィスにまで押し入った兵士は、各部屋をひっかき回し、ガイドを引っ張って行くなどして、蛮行をほしいままにした。このために市外バスの発着は、光州駅前で行なわれることになった。

ロータリー付近の戦闘での負傷者を病院に輸送中であったタクシー運転手に、空挺隊員は負傷者を下ろせと命令した。運転手が「貴方も見ての通り、今にも死にそうな人は病院に運ばなくてはならないのではないか」と訴えるや、その空挺隊員は車のガラス窓を壊し、運転手を引きずり出して帯剣で無残にもその腹を刺し、殺してしまった。こんな具合に、少なくとも三人の運転手が殺害されたが、これはその翌日の二〇日、いま一つの起爆剤となった〝車両デモ〟の直接的な契機となる。

午後五時一〇分、鶏林洞の光州高校前の道路で、デモ隊と空挺隊の衝突がまた発生した。装甲車が威嚇デモをしながら鶏林洞一帯を動き回ったので、市民たちは光州高校と鶏林派出所間の中央路に集結して装甲車を待った。装甲車が近づくや、その目の役割をする装甲車前方部分の両脇にある監視鏡を壊してしまうために、集中的に投石した。監視鏡は直ぐに破壊され、前を見ることができなくなった装甲車は動きを止めた。このとき『東亜日報』の記者が取材していたが、包囲されていた装甲車内の空挺隊員が彼に対し、「完全に包囲されたので増援軍を送ってくれるよう連絡してほしい」と依頼した。取材車〔『東亜日報』記者の乗った〕が群衆の間を通りすぎるとき、市民たちは車を足蹴にし「人が殺されているのに、東亜日報はなぜ何もしないのか」と糾弾、石を投げたりした（『東亜日報』一九八〇年五月二二日検閲削除部分）。

一人が稲わら束を持って来て、それに火をつけて装甲車に投げつけた。だが、それでは装甲車爆破には効果がないと知った市民は、装甲車の上の蓋を開けて中に進入しようとしたが、蓋が開かなかったのでそのままその上に乗っかった。少しして車内の空挺隊員が蓋を開け、M16小銃の銃口をつき出し、眼前の学生に照準を合わせた。次の瞬間、その幼い高校生はばったり倒れ、人びとは路地に散った。少し後、空挺隊は銃を構えたまま装甲車を動かして行った。まだ息の残っている学生を何人かの青年が助け出そうとしたが、直ぐにその息は絶えた。M16銃弾が首を貫通し、首が辛うじてつながっていただけだった。彼は、朝鮮大学付属高校の夜間部生徒であった。

上空では軍用ヘリが、旋回しながら声明放送を続けていた。「すべての市民は家に戻りなさい。通りに出ると生命を保障できません。今、戒厳軍は市内の秩序回復のために最善を尽していますので、市民の皆さんは安心して下さい」

だが、こんな放送に耳を傾ける人は一人もいなかった。午後六時ごろ、光州公園と錦南路には、周辺地域のデモ鎮圧のため空挺隊が移動した後を受け、再び数千人の市民が集結して「〇〇〇〔全斗煥〕打倒！」「光州市を救おう！」のスローガンを叫び、デモを続けた。

光州の涙

午後七時ごろから、夕闇が染まりはじめた通りには小雨が降り出した。午後に展開された殺戮と血戦の痕跡が残っている錦南路に、市民たちの苦痛と悲しみを洗ってくれるかのように、雨がしとしとと降った。ガスのにおいがただよう中、壊された公衆電話ボックス、舗道ブロックの破片などが散らばり、街路燈は割られたままであった。雨降る闇の中には怒りを秘めた近辺の住民が立ち、黙って占領された都市を見つめた。道庁から錦南路にかけては、警察と空挺隊が依然として鉄壁の陣をしいていた。

同じ時間、光州高速バスターミナル付近では、近くの自動車整備工場を中心とする千余人のデモ隊が、慶尚南道ナンバーの八トントラック一台に火をつけた。トラックには各種のプラスチック製品が満載されていたが、群衆は慶尚道出身の空挺隊が光州市民を虐殺したという噂に気が立っていた。彼らは運転手も慶尚道の人間であるから殺してしまおうと興奮して騒いだ。だが一人がそれを引き止めた。「この運転手に何の罪があるのだろうか。○○○［全斗煥］が殺さねばならない奴であり、空挺部隊こそが天人共に怒らねばならぬ奴等だ」と説得して、みなを引き下がらせた。彼らは、燃え上がり始めたトラックを押して公共ターミナル前を守っている空挺隊側に下がって行った。デモ隊は、新政府を宣伝するスローガンが書かれた大型アーチに火をつけた。

市内のあちこちに一〇〇余人位ずつに分散した市民デモ隊は、つるはし、シャベル、棒切れなどで武装し、通行禁止時間である［午後］九時をはるかにオーバーする時間まで、デモを継続した。九時半ごろ、二〇〇余人の群衆が光州駅前のＫＢＳ［韓国国営放送］の建物に接近し、それに投石してガラス窓を割ったが、警備中の地域郷土師団第三一師団戒厳軍によって退けられた。彼らが直ちに方向を変え、林洞派出所に押し寄せ、手当たり次第に破壊し、放火するや、林洞と柳洞では一晩中、家宅捜索が続けられた。

雨が降り出したので市民はみな家に帰りはしたが、

昨日と今日の、驚くべき非人間的な状況について家族と話し合い、泣いた。家族の中にまだ帰宅しない若い人のいる家庭では、四方に電話をかけ、死の恐怖にさいなまれた。彼らは、家族の中の一人の安否もさることながら、是が非でも野獣のような連中を自分たちの故郷から追い出してやるとの決心に、より大きな比重をかけていった。彼らはまた、テレビが状況に関する新しい情報を伝えるかも知れないと期待したが、テレビは全く無関係な連続ドラマや娯楽番組を、何ごともなかったかのように放映するだけであった。彼らは、むらむらとこみ上げる憤怒を感じた。一方で罪もなくして同じ同胞が絶叫し、殺されているのに、このテレビは踊りを放映しているだけだ。それは誰のためなのか――という不信感であった。市民たちはいまや誰もが、この闘いは若い学生たちだけのものではないということを、切実に感じるようになった。まさにこうした感情が、翌日のＭＢＣ焼打ちにつながったのである。

一方、この日の昼間から光州市内の総合病院と個人病院には、多数の重傷患者が相次いで入院し始めた。彼らは幸運にも、戒厳軍のトラックに積み込まれるのを免れたり、周囲の人たちの助けで戒厳軍の中から逃れることができた人たちであった。だが、病院に移されてから死ぬ人も多かった。学生、青年のみではなく、老人、婦女子、中学生、はなはだしくは幼い小学生の死体まで見られた。光州市内の病院施設だけでは、すべての人を収容することは不可能な位のありさまであった（『東亜日報』一九八〇年五月二二日）

この日も市民たちの間では、闘争を激励し、他の場所で起こったさまざまな残酷なできごとを知らせる印刷物が配布され、後にもそれは継続された。印刷物『闘士会報』は、市民大衆に行動の統一を呼びかけ、敵への敵愾心をかき立て、地下に闘争指導部が存在するということを確信させた。（光州民衆民主蜂起の全期間を通じて重要な役割を遂行し、最後の決戦があった二七日明方、道庁で散華することになる尹相元の自己犠牲［的活動］過程は、後で詳細に書かれなければならないだろう。彼は一九七八年に「民衆文化研究所」が開設された当時の文化チームの初代会長であったし、「夜学のともしび」を導いていた。彼は、夜学チームと文化宣伝チームを運営しつつ、運動指導部の組織が崩壊した後にも、残ったこれらの組織を統合・運営した。デモ期間中の無政府状態下にあって、最後まで政治性を維持し得たというのは、卓越した運動能力であるといわざるを得ない)

一九日、アメリカの太平洋地区空軍司令官ヒューズ中将は、ハワイ・ホノルルでの記者会見で「北韓の南侵によって韓半島に戦争が起こった場合、沖縄に駐屯しているアメリカの戦術空軍は、きわめて早い時間内に韓国戦線に出撃するだろうし、北韓のいかなる空中攻撃をも撃退し得る能力を米韓空軍は保有している」と言明した。[韓国]政府側は何らの動きも見せず、光州の状況も全く報道されなかった。

この日の夜、戒厳軍は市中心部から第七空挺隊を撤去させ、周縁地警備兵力であった第三空挺隊および第一一空挺隊を投入したほか、一般戒厳軍兵力をはるかに増強した。

5　全面的な民衆抗争

（五月二〇日火曜日　抗争第三日目）

錦南路戦闘

前夜から降り出した雨は、二〇日の午前九時ごろに止んだ。市民たちは朝から雨に濡れながら、周辺地域から市中心街に群がり、集まった。彼らはみな、中心街に出れば生命は保障されないことを知っていたし、いまだにかの恐ろしい空挺隊が市内の要所要所を塞いでいることも知っていたが、いまや、そんなものは何でもなくなった。みながこのような状況下で、家族と寄り添い、奥の部屋で息をひそめて座っているわけにはいかないと考えたのだ。軍・警の警備と検問は、橋やロータリー内通り付近で徹底した形で行なわれていた。

時折り、道路にぺたんと座り込み、髪の毛をむしりながら慟哭する婦人がいた。彼女たちは、衣服を引き裂き「私の息子を生かして返せ」と、ほとんど狂ったように泣き叫んだ。誰一人として慰める術もなく、ひとり、手に流れる熱い涙を拳で拭うだけであった。

雨が上がり始めた午前一〇時ごろ、大仁市場には千余人の市民が集まっていた。家庭の主婦、高校生、五〇歳代（以上の）老年層まで加わった群衆は、前夜の被害状況と殺戮光景を話し合いながら、鬱憤と敵慨心を燃え上がらせ始めた。彼らが話題にしたのは、この日の明け方六時に、金安夫氏（三六歳、光州市月山二洞一三二—二二）の死体が全南酒造場前の道路で発見されたが、全身を切り刻まれ、顔も目茶目茶にされていた事実であった。また、捕まった大学生を裸にして両手を縛り、トラックの後部に結びつけて道路上を引きずり、絶命させたことも話し合われた。大仁市場の商人たちは、商売は取り止めにしてデモを始めた。彼らは光州高校方面を回り、市民館四叉路に出た。だがこのデモ行進は錦南路に達する前に、戦車を先立てての封鎖を図る空挺隊によって阻まれ、四方に散った。

だが、こんな風に市内の各所から集まった群衆は、錦南路一帯のあちこちに群れを作っていた。空挺隊との接戦はまだ起こらなかった。空挺隊の鎮圧方法は、前日とは少し様相を異にしていた。彼らはM16小銃に着剣をせず、口のきき方もていねいであった。昨日まで狂乱の限りをつくした部隊は交代させられ、新たな作戦命令が下されたかのようであった。彼らの中には、湖南（全羅南、北道をさす）訛りでしゃべる者もあり、酒に酔って赤い顔をした者もいなかった。実際に、空挺隊の一中佐は、自分の故郷が全羅南道の谷城郡であると市民に語った。

この日、光州駅、公共ターミナル等を警備していた空挺隊は、火炎放射器で武装していた。錦南路に集結した人びとと空挺隊の間には、いつ爆発するかも知れぬ緊張感が渦巻いていた。万一、デモが再発した場合、相当な爆発力を持つものとなるだろうことは明らかであった。市民たちは、命をかけてでも彼らと闘うとの態度を示した。先ごろの被害と守勢的な対応、散発的な闘いと部分的な勝利、何よりも市民のやむにやまれぬ抗争を、暴徒と罵っていることに激怒しつつ、戦意をかきたてていた。市民たちにとっては、光州は自分たちの故郷であり、この間に体得した市街戦の要領は、必ず勝利を得られるという自信を与えてくれたのであった。彼らの間には、闘志を高揚させる印刷物が数千枚もばらまかれた。いまや光州市内には、歪曲報道を載せた新聞すらも入らなくなった。官制言論、敵の声明放送およびビラを紛砕するための印刷物作業チームの活動が活発に展開されていた。市民たちは『闘士会報』を読み、重要な判断材料や行動指針とした。

こうした対峙が続けられる中で、西方三叉路に集まった市民と空挺隊間に衝突が起こった。空挺隊は火炎放射器で二〇メートル先にまで火炎を吹きつけ、デモ隊の先頭にいた人たちは、避ける間もなく火に包まれた。空挺隊は市民たちが近づく前に、素早くその死体を軍用トラックでどこかへ運んでしまった。東明洞付近では、下校中の中学生三〇〇余人が道路上に立ち並ぶ戒厳軍に投石したが、催涙弾とペッパー・フォッグ〔こしょうガス弾〕を浴びせられて引き下がった。

午後三時、錦南路のデモ群衆は数万人にふくれ上がった。幼稚園児とおぼしき子供の手を引いて出て来たお婆さんをはじめ、飲み屋で働いていると見られる娘さん、店員、学生、封筒を持った会社員、家庭の主婦、近隣の飲食業の従業員など、全階層、全市民が通りにあふれ出た。警察の催涙弾が炸裂し始めた。勇んでそれぞれ角材や包丁を持って出た市民もいかんともなし難かったのか、錦南路と忠壮路の交差点と地下商店街工事現場付近に座り込み、籠城をはじめた。市民たちは、それ以上は逃げたりはしなかった。彼らは道路上に座り込み、「どうせならわれわれ全部を殺せ!」と絶叫し、誰かが準備してきた太極旗を打ち振った。連座籠城が継続された。何人かの学生が出て、籠城を指導した。彼らは前に出て「われわれは何故闘うのか」について語り、地下印刷物を読み上げ、合い間に歌をうたった。「われらの願いは統一」、「正義の歌」、「闘士の歌」が繰り返された。市民ははじめはうまくついていけなかったが、後には上手に一緒に歌えるようになった。「アリラン」が歌われたときは、ほとんど全員が涙を流した。

一人の学生が地下商店街工事現場の韓国銀行(支店)側入口の欄干に上がってスローガンを叫ぶと、市民もそれに従って叫んだ。籠城群衆が多すぎ、声がよく通らなくなったので、ある市民がスピーカーを用意するための募金を行なうことを提案した。直ちに募金が開始され、一〇分もたたぬ間に四〇余万ウォンが集まった。何人かの青年がスピーカーを用意するために席を離れ、残りは籠城を続けた。戒厳軍の阻止線正面に立っていた警察が後に退いたかと思うと、空挺隊が前方に配置された。指揮官は群衆に向かい、家に戻れと命令した。デモ群衆がさらに大声で歌をうたうと、空挺隊員が飛びかかって、また無慈悲な乱打劇を展開した。籠城場所は一ぺんに血まみれとなり、群衆は取り乱して散った。空挺隊員は前日のように路地裏まで追いかけたり、帯剣で突くようなことはしなかったが、棍棒を振り回した点では同じであった。

だが、いちじるしく増加された市民たちは、それ以上引き下がろうとはしなかった。狭い路地裏と建物の間に散った市民たちは、「集まろう、集まろう」のスローガンを絶え間なく叫びながら再び固まり、空挺隊と一進一退を繰り返した。募金で作ったスピーカーも登場した。自動車用バッテリーに小型アンプをつけたスピーカーで一人の学生が、「われわれ全員、この場所で先に倒れた人たちと共に死にましょう」、と群衆に呼びかけた。デモ隊の士気は高揚し、投石は一層激しくなった。道庁前広場に通じる六つの道に沿って、市民の隊列は潮のように押し寄せた。

デモ隊はドラム缶や大型フラワーボックスを前に立て、空挺隊の阻止線に向かって、一歩一歩押し寄せた。いまや、見物しているだけの市民は一人もいなくなった。道路付近の商店、住宅街でも大きな水瓶、洗面器などに水をいっぱい入れて外へ出し、リヤカーや自転車などで地下商店街工事現場周辺から、石、じゃりを運んだ。デモ隊全員が催涙ガスに苦しんだが、催涙ガスが炸裂しても、誰も逃げたりはしなかった。おかみさんや飲食業従事の娘さんたちは、手に手に水に濡らした手拭いと歯磨きを用意し、デモ中の市民たちに配り歩いていた。市民は顔、特に鼻の下の部分に歯磨きを塗った。辛くて熱く、息のつまる催涙ガスに耐えるには、それしか方法がなかったのだ。

道庁を中心に分かれる六つの道路には、幾重にも軍・警の阻止線が張られており、その後には噴水台を中心に戦車をはじめとする多数の軍兵力が布陣していた。デモ群衆と戒厳軍は、熾烈な接戦―小康状態維持を繰り返していた。午後五時五〇分、忠壮路入口側のデモ群衆五千余人はスクラムを組み、道庁に向かって肉弾突撃を敢行した。戒厳軍と衝突したデモ隊は押し下げられ、大都ホテルと光州銀行南門支店前で連座し、「殺人魔〇〇〇〔全斗煥〕は引っ込め」、「軍は三八度線にもどれ」などのスローガンを叫び、「愛国歌」等の歌をうたい、太極旗を打ち振った。彼らは代表を選んで軍・警阻止線に送り、「光州市民を敵扱いにする空挺部隊と生か死かの対決をしたいので、警察はどいてくれ」と要求した。闘いは次第に一層熾烈化し、市民の被害も増大したが、鉄壁のように防備された道庁への接近は容易ではなかった。ひとしきり小康状態が続き、あたりは薄暗くなりつつあった。

タクシー部隊の登場

七時近くになって突如、柳洞方面から多数の車両がヘッドライトを照らし、警笛をならしながら突進して来た。最先頭には荷を満載した大韓通運所属の一二トン大型トラックと高速バスが立ち、市外バス一一台が続き、その後には二〇〇余台の営業用タクシーが、錦南路をいっぱいに埋めたまま従った。トラックの上には二〇余人の青年たちが立って太極旗を振り、バス内には太極旗を持った青年や角材を持った娘さんたちも乗っていた。車両行列は、激しい怒りの波濤のように押し寄せた。それは、凝縮されていた民衆的闘争力量が一挙に噴出したかのようであった。一時的な小休止状態に陥っていたデモ群衆にとって、この凄い激浪は、新たな戦意の原動力となった。

まさにこのときに、光州抗争の発展過程における、質・量両面にわたる飛躍が行なわれたのだ。ほとんど自発的に起こった運輸労働者たちの強力で一体化した行動統一は、民衆が本来持つ可能性を拡大させるのに十分であり、民衆が歴史の前面に自らの生涯を投げ出す見事さを示した瞬間であった。彼らの目つき、彼らの連帯感、彼らの献身的な決意こそ、五月抗争の頂点であったし、それは二〇日の夜から二日後の明け方に至るまで全市街地を揺るがせることになる。

それに先立つ午後二時過ぎ、光州駅付近に一〇台余りのタクシーが集まった。「われわれが仕事として客を乗せてやったのが何の罪になるのか。罪のない運転手を空挺隊は何故殺すのか」、「こんな具合に棍棒と帯剣で殺されるのなら、仕事は止めにしてわれわれも闘わなければならない」などと議論しているうちにタクシーは二〇余台に増えた。そして、組織的な対応を相談しようということになった。タクシー運転手は市内各地を走行しながら空挺隊の殺戮、蛮行を誰よりも多く目撃しており、また、被害も多く受けていた。死にかかっている患者を病院に輸送中の車を停車させ、暴徒を奪われるとの口実でタクシー運転手を棍棒と銃剣で痛めつけ、殺す空挺隊の蛮行に、どうしていつまでも大人しくしていられようか。彼らは無等競技場に市内のタクシー運転手全部を集め、立ち上がろうと決定し、互いに連絡するために市内全域に散った。

無等競技場に集まったタクシーは、午後六時には二〇〇台を超えた。運転手たちは車を整然と集結させた後、それまでに目撃した残虐な状況や同僚たちの負傷・死去についての情報を交換し、空挺隊の蛮行を糾弾しつつ、「軍の阻止線突破の先頭に立とう」と決議した。彼らは手拭いでしっかりと鉢巻きを締め、各自乗車して徐々に錦南路に向かって前進した。

彼らの行列が錦南路に到着するや、どうしたらよいのかもわからず、阻止線の前で相手側と対峙中であった市民たちは歓呼の声を上げ、感激の涙を流した。そのまま彼らは、手に手に鉄パイプ、角材、火炎瓶、つるはし、鎌などを持ち、石ころを投げ、車両に従って掩護しつつ突撃した。突如、激変した事態に驚いた戒厳軍は、催涙弾およびペッパー・フォッグによる、総力を挙げてのガス弾攻撃に出た。デモ群衆全員の窒息死をねらったかのように発射されたガス弾は、その前を進撃する各種デモ車両のガラス窓を壊して、車内に落下した。目まいと窒息状態に耐えかねた運転手たちは、戒厳軍のわずか二〇メートル手前で停車した。車を停めた運転手たちは方向感覚を失い、ガス煙の中で四方をうろついた。彼らは涙を流し、せきこみ、むかつきながら、よろめいた。その隙をついて戒厳軍が前に突進し、運転手一人に数人が飛びかかって殴り、踏みにじって連行して行った。後の列にいた運転手たちは、素早く運転席から飛び降り、逃げたが、軍・警によって連行された者は二〇人以上に達した。

車両を掩護していた市民たちも隅々に身を隠し、阻止線めざして投石した。戒厳軍はあたかも特攻隊のように、飛び出した。押された車両は互いにぶつかり合い、大混雑を起こしていた。二〇〇余台の自動車のガラス窓が、すべて破壊された。戒厳軍はまぶしくて前方を見ることができないからとして、棍棒などですべての自動車のヘッドライトを壊した。市民はねばり強く投石しながら、少しずつ後退した。

少しして、深く立ちこめる催涙弾ガスの中でバスを先立てたデモ隊は軍隊と肉迫戦を展開し、全日放送付近の錦南路では悲鳴と喊声が絶えなかった。二〇分余り続けられたこの衝突が終わると、エンジンをかけたままの数十台の自動車の間には、頭を割られ、肩をやられて血まみれになったまま気を失った負傷者たちが、至るところに並んでいた。ガイドとおぼしき二〇歳代の女性二人は、運転手とおぼしき三〇歳代の頭を割られた青年男性を抱きかかえて座り込み、慟哭した。倒れた患者を移送しながら、『患者が危篤だから救急車を早く回せ』と涙声でいっている「警察の無線の話し声」のが、流血劇の残酷さを物語ってくれた」(『東亜日報』一九八〇年五月二二日、検閲削除部分)

市民の行列は再び、錦南路四街の国民銀行前まで退いた。押しつ、押されつの熾烈な攻防戦がまた繰り返された。催涙弾を用いて戒厳軍が出て来ると、市民は一斉に左右に散って隠れ、しばらくしてガス煙が少し晴れるとせき込みながら、わずかの間に何万という塊になった。投石が落下する中を一台のバス（光州交通、全南五ア三七〇六）がヘッドライトを照らし、デモ隊の掩護を受けながら軍の阻止線に向かって突進した。だが、雨あられのような催涙弾のために運転手は前を見ることができず、街路樹にぶつかって停車した。それと同時に数十人の空挺隊員が押し寄せて車を壊し、車内の運転手と二〇歳代の青年九人を引きずり出し、棍棒で乱打した。犬ころのように引きずり出された彼らは、たちまちぐったりとなったまま気を失ったが、空挺隊員は引き続いて蹴ったり、殴ったりした。

路地裏とビルの間でこの光景を見ていた五〇〇人余りの市民が、彼らを助けようとして大声を上げながら飛びかかった。だが空挺隊員は、この人たちをも手当たり次第に殴った。ひるんだ市民たちはすべて追い払われた。一人の中年婦人が空挺隊の阻止を振りはらい、薬と濡れ手拭いを持って負傷者の手当てをしようとしたが、道路上の赤い血を見て「この血をちょっと見ろ。お前らは国軍か？」と憤激し、気を失ってしまった。

戒厳軍の背後に当たる忠壮路入口側では、チョンイル旅客所属のバスが軍・警の阻止線に突進してそれを突破し、道庁前噴水台に突き当たって停車した。車内の二青年は、直ちに無残に殴打された後連行された。

七時半になって錦南路のデモ隊は、市外バス公共ターミナルを占拠し、バスを動員して来た他のデモ隊と合流し、大型バス五台を二列にして先立て、「連行学生、市民を釈放せよ」、「金大中氏を釈放せよ」などのスローガンを叫びながら、阻止線にぶつかって行った。空挺隊はそれに押されて阻止線を錦南路一街の全日放送前にまで後退させ、ガードレール、大型フラワーボックスなどでバリケードを作り、催涙弾をしきりに発射してデモ隊の接近を防いだ。全般的な形勢からみて戒厳軍が包囲されたのであった。再びデモ市民は、激しい怒りの潮流となって空挺隊を圧迫した。道庁前噴水台を中心に、デモ隊と戒厳軍の決戦は続けられた。

市周縁の鶴洞、邦林洞、山水洞、池山洞、有徳洞、光川洞、花亭洞などの地で市民たちは、手に手につるはし、シャベル、鎌、棒切れなどを持って市内に集まった。いまや、全市内に錦南路における決戦に関する情報が広がった。柳洞付近ではドラム缶を転しながら路地を回り、人びとを呼び出していた。市周縁の有徳洞では、近郊で農作業をしていた農民五〇人余が白い韓服を着て、手には鉄の熊手鍬、つるはし、竹槍を持って市内に集まって来た。これを見た道路上の市民たちは、拍手をして彼らを激励した。

午後七時ごろ、山水洞五叉路付近には、錦南路でのタクシー運転手たちの肉弾戦の噂を聞いた人たちが集まった。市内の状況がどうなっているのか誰もわからず、憤怒がみなぎっていた。二人の青年が叫びながら、路地路地を回った。「山水洞民の皆さん、今夜、戒厳軍をたたきつぶしに行きましょう。各自、武器になりそうなものを持って来て下さい」と言って回ると、わずか三〇分足らずの間に四～五〇〇人になった。彼らは隊列を組み、スローガンを叫びながら新駅側へ行進した。

すでに周縁地域では、戒厳軍の警備能力が限界に達していた。デモ隊には老人や小学生までが混じっていた。市内各地でこんな風に集まった人たちは、そのまま自発的なデモに入った。このようなデモ群衆は、錦南路を中心にして二〇万の数を超えた。噴水台に通じるすべての道路はデモ群衆でいっぱいに埋まり、人の山、人の海を作った。

夜になるや、突然韓一銀行側で騒々しいサイレンの音が響いた。旧駅、光州消防署を占拠した市民たちが、水をいっぱい積んだ消防車三台を捕獲し、道庁前へ進撃してくるところであった。消防車の後には二万余人の市民たちが喊声を上げて続いた。彼らは停車した車両を力を合わせて押し出し、消防車の通路を作った。戒厳軍は催涙弾を夕立のように降り注いだ。装甲車を先立てた戒厳軍に対抗して市民は、せき込み、涙をポロポロ流しながら、消防車を先頭にして進んだ。そして、消防ホースで前面に放水した。接戦はさらに熾烈化し、市民側の犠牲者は増える一方であった。暗くなった八時半ごろには、光州高速バス三台が、運転手、ガイド、市民を満載して現われ、市民は拍手をし、喊声を上げた。

戒厳軍の頑強な阻止に正面攻撃の不利を感じた市民

たちは、カトリックセンター脇を抜け出て、ＭＢＣ放送局方面に向かって進んだ。同放送局は群衆によって占拠された。彼らは局側に対して、現在外で進行中のすべての残酷な状況を事実どおりに報道せよと要求した。だが、それが拒否されるや、彼らは火炎瓶を投げつけた。局員らが飛びついて消火器で火を消したので、火はそれ以上には広がらなかった。同じ時刻にＫＢＳ放送局もデモ隊によって占拠され、怒った群衆が放送機材を壊してしまったために放送は中断された。

一方九時ごろ、市役所の建物は、数万人に達するデモ群衆の総攻勢の前に軍・警側が警備を放棄、徹収したためにデモ隊の手中に入った。

いまや、道庁と光州駅を除く市内の大部分の地域は、デモ隊の手に落ちるに至った。周縁地域では市民たちが、近くの給油所から揮発油を徴発して自分で火炎瓶を作っては、派出所に放火した。鶴洞、山水洞、鶏林洞、良洞などの派出所が、この日の夜、ほとんどすべて破損、放火された。

労働庁戦闘

他方、九時二〇分頃、労働庁前五叉路で光州高速バス一〇余台を運転して来たデモ隊が、無数に飛んで来る催涙弾の煙幕下に阻止線を突破し、咸平警察署所属の警官四人がそれにひかれて死んだ。この一〇台のバスは、デモ群衆の要求によって光州高速車両の配車部が援助したものであった。ちょうど光州―南原間定期路線を運転していた光州高速の運転手ペ・ヨンジュ氏は、運転を終え、本社に着いたときこのことを知り、市内に出た。彼は後に青年たちを大勢乗せ、ゆっくりついて来る他の車と一緒に一番前に出た。労働庁と道庁の間に、完全に激戦場になっていた。突如、空挺隊から発射された催涙弾が飛び込み、炸裂した。車内には催涙ガスが充満し、手のつけられぬ状態となった。だが、エンジンのかかった車はそのまま前に突進し、警官たちをひいた（ペ・ヨンジュ氏はこの事件のために逮捕され、殺人嫌疑で死刑宣告を受けたが、後に赦免となった）。

夜が深まるにつれて双方の攻防戦は高潮した。市民たちは、道庁前と噴水台を中心とする軍・警の最後の防御線めがけて引き続いて投石し、できるだけ多くの車を動員してそれに火をつけては阻止線にぶつけた。道庁を中心に忠壮路入口、労働庁方向、錦南路正面のいずれにおいても、押し寄せる攻撃は必死のものであった。全市街地が火に包まれたかのようであった。

動員された車種もさまざまで、大型、小型のバス、ジープ、タクシー、大小のトラックなどであった。戒厳軍の阻止線と市民たちとの間隔は、三〇メートルないし五〇メートルぐらいであった。その間は、火に焼け、爆破された沢山の車で塞がれていた。焼けた車は、時折りパンパン音を立て爆発し、炎が空高く上がった。デモ隊の頭の上には、ガス弾が猛烈なスピードで落下するかと思えば、戒厳軍の頭上には無数の石ころが、雨あられのように降った。

労働庁五叉路一個所だけでも、二〇台以上の各種車両が焼かれた。労働庁向かいの道庁車庫はたちまち、市民たちの攻撃目標となった。車庫から車を引っ張り出した市民たちは、車内のシートに火がついたのを確認し、一人が運転席に上がった。彼は急スピードで車を走らせ、軍・警阻止線の一〇メートル余り手前のところで飛び降り、素早く逃げようとした。だが、誤って相手側陣営内に入り込んでしまったために乱打され、気を失ったまま引きずられて行った。

熾烈な攻防戦が終わったのは、夜八時半すぎであった。以後深夜まで膠着状態が続き、一一時過ぎからは周縁から引き続き押しかけて来る新手の人びとと、くたびれ果てて家にもどる人びととの間の交代が行なわれた。

道庁三階の道知事室はこのとき閉鎖されたままで、張炯泰全南道知事は一階の庶務課に避難した後、尚武台の戒厳司令部に逃がれた。そして、隣接している消防署に、万一の事態に備えて緊急消防班支援の要請を行なった。夜一〇時一〇分ごろから、道庁を取り巻くデモ群衆が時々刻々と阻止線を圧縮し始め、その一部は道庁の後塀を乗り込えようとした。いまや、軍・警の守備範囲は道庁、新駅、朝鮮大学、全南大学のみとなり、警察力は完全に麻痺状態に陥り、外部との連絡は一切庶断された。一〇時半ごろ、東明洞前の道では、空挺隊とデモ群衆の衝突、一進一退の攻防戦が展開された。催涙ガスのために失神したところを軍人に捕まえられ、集団暴行を受けた三〇歳代の人が死体となって発見された。また、夜がふけるにつれ道庁の建物には、各地で負傷した市民、学生および警官、軍人があふれて修羅場と化し、警官の中には疲労で倒れる者も続出した（『東亜日報』一九八〇年五月二二日、検閲削除部分）

新駅闘争と深夜の闘争

夜一〇時ごろ、MBC付近で突然爆音が響き、火炎が上空に舞い上がった。デモ隊による第三次MBC攻撃であった。一〇人余りの戒厳軍が警戒している中、MBC放送は九時に中断された。すぐ目の前で多くの人びとが殺されているというのに、それまでのニュース番組は一言もこれにはふれず、当局側の発表のみを伝えていた。のみならず、流行歌などの番組を平常通りに流すという鉄面皮ぶりを示した。このため市民の言論機関に対する怒りは、空挺隊へのそれに劣らぬものとなった。彼らは八時のニュース時間帯に、市民の被害状況と死亡者の身元についての正確な報道を行なうように要求した。だが、放送は依然として恥知らずにも、踊りなどの番組を流していた。これほど多くの人が殺されているというのに、放送局はいったい何のためのものなのか……。

怒りに燃えた市民たちは、放送局に押しかけた。小学生から老人までの数千の群衆がMBC放送局前に集結するや、MBC側は放送を中断して全社員を退勤させた。周囲の警備を担当していた第三一師団戒厳兵力も、それ以上は無理と判断して撤収した。何人かの市民が無防備状態となったスタジオに入り、放送を試みたが、機械は作動しなかった。デモ隊の怒りは極に達し、少ししてMBCは火に包まれた。火の手は建物の背後側から始まり、あっという間に全建物に広がった。その火の手で全市街地がぱっと明かるくなった。局近隣の住民は、大混乱に陥った。火の手の拡大に備えて彼らは家財道具を引っ張り出し、眠っている子を待避させせた。デモ隊の中の青年たちは、力を合わせて火の手が近隣の住宅にまで及ばぬよう最善を尽した。火はそれ以上は広がらぬまま、明け方一時ごろには消え始めた。

ＭＢＣが焼けている間、立ち上がる火焔を見て四方からデモ群衆が集まり、ＭＢＣと全南女子高校の間を分ける菜峰路には、群衆が雲霞のように集まった。夜一一時ごろ、労働庁方面から現われた戒厳軍の戦車一台が突然ＭＢＣ付近に集結した市民たちに向かって轟音を響かせ猛烈なスピードで疾走して来た。市民たちは、ＭＢＣ向かい側の全南女子高校の塀を乗り超えて逃がれるなどの騒ぎとなった。戦車は労働庁から市民館前までを往復しながら武力デモをして戻り、市民は両側の路地裏に逃げた。戦車が過ぎ去った後の道路上からは、逃げることができず戦車にひかれ無茶苦茶にされた幼児の死体が発見された。市民たちは歯ぎしりをし、以後幼児はみな家に帰らせた。

それより先の九時ごろ無等競技場付近の高速道路進入路では、ソウルから戻って来た各種車両三、四〇台が集結した。家に帰る人はその場で降り、残りの乗客は乗車したまま市内行進に移った。途中で車は増え、その数は大変なものになった。彼らは無等競技場を出発し、林洞聖堂を経て光州駅前のＫＢＳより少し手前、中央高速ターミナル前にまで進んだ。光州駅とＫＢＳを守備していた戒厳軍は、デモ車両が激増するや、ガスを猛烈に吹っかけた。車両が引き続き押し寄せると突然銃声が上がった。一一時ごろになって、車に乗っていた人びとは車の後に散り、また出て来たりした。一部は、焼けているＭＢＣ側に向かったが、残りはそこで明け方四時まで行なわれた新駅戦闘に参加することになる。

この日深夜から〔翌日の〕明け方にかけて行なわれた新駅戦闘は、宵の口の錦南路戦闘と同様に多くの犠牲者を出した激戦であり、道庁以外の市内全域から戒厳軍を退却させた決定的な戦闘であった。ここを守っていた戒厳軍は必死になって防御した。光州駅は道庁と同様に最少限の行政的機能を維持し得る象徴的な場所であり、戦略的にも、高速道路が庶断される可能性のあった状況下で、兵力と補給品輸送のための重要拠点であった。新駅を中心に広がる五つの放射状型道路には至る所にバリケードが築かれ、デモ群衆の攻撃は波状的に激しく進められていた。公共ターミナルから光州駅に向かう曲り角の給油所では、一人の青年がトラックにドラム缶二個を積み、揮発油をいっぱい入れて火をつけた後、駅に向かって疾走して行った。夜一〇時半のことであった。彼は戒厳軍の手前二〇メートル余りの所で外へ飛び降り、トラックはそのまま火の塊となってバリケードを壊し、駅前噴水台まで進んだ。ドラム缶が周囲を震動させて爆発し、炎が空高く燃え上がった。

光州駅を中心に市役所方向でも、これと同様の突撃が何度も敢行された。押し寄せる市民に空砲で威嚇していた戒厳軍は、それが限界に達するやM16小銃を発砲し始め、投石していた市民が銃弾で倒れた。戒厳軍の最後の砦となった道庁前でも、深夜の攻防戦が激しく展開された。真夜中になってデモ群衆の波涛は戒厳軍を四方の道路上に包囲し、一歩一歩追い詰めて行った。上空では、威嚇射撃をする機関銃の曳光弾が飛びかっていた。デモ隊の先頭は死が直ぐそばに来ていることを直感した。だが、誰も逃げたり退こうとはしなかった。

ついに、M16自動小銃の連発射撃が開始された。先頭にいた青年たちが、両手に石を持ったまま倒れて行った。群衆は生きなければならぬという本能でそれぞれ前かがみになり、道路両側のビル前に逃げるためにさっと散った。路上には死体と、まだ息の残っている人びとの上げる大声だけが残った。空挺隊は群衆が散るや、いったん射撃を止めた。市民たちは、歯ぎしりし、転ぶように走りながら叫んだ。「あいつらが発砲した。銃、銃が必要だ。われわれも、銃を持たなければならない！」

彼らは真暗な闇の中で、なす術なく死んで行く人びとの悲鳴を聞きながら涙した。遠くへ抜け出た人びとは、まだ占領のできない鉄壁のような道庁を眺め、呟いた。「銃を持って、もう一度やって来る」

だが彼らは、とても家には戻れなかった。卑怯にも家へ帰り、昨日のように家族と手を取り合い、声を殺して泣くようなことはもうできなかったのである。

明け方〔二一日〕一時に、市民たちは道庁後ろにある光州税務署に押し寄せた。付近のMBCは、燃え続けていた。彼らは叫んだ。「税金はみんなが共によい暮らしをしたいから出すのであって、アメリカから武器を買って市民を殺せといって出したものではない！」。群衆は税務署の正門を蹴破って入り、手当たり次第に器物を壊した後、火をつけた。彼らは万歳を叫び、愛国歌を合唱した。税務署予備軍武器庫も燃え上がり始めた。カービン小銃何丁かが市民の手に入ったが、実弾はなかった。

労働庁も炎上した。この日の夜、光州抗争の女性英雄の中の一人である全玉珠は、税務署と労働庁付近で引き続きスピーカーを通じてデモ隊を励ましていた。彼女は三二歳で、本籍は全南宝城郡。朝鮮大学舞踊科を中退し、馬山で舞踊学院をやっていた女性だ。故郷に来たところ、残酷な光州の惨状を目撃してデモ隊に参加したのであった。彼女は車ミョンスクと一緒にこの夜一一時ごろ、市内東明洞所在の鶏林電波社でスピーカーとアンプを買い、道庁デモ隊の前に立ち、「戦闘警察のみなさん、私たちに催涙弾を使わないで下さい。みなさんと私たちはともに力を合わせ、光州市民を抹殺しようとする〇〇〇〔全斗煥〕を追い出しましょう」「私たちは素手です。けれども私たちは、必ず勝ちます」「最後まで踏み止まりましょう。私たち自身で光州を守りましょう」「空挺隊が私たちの兄弟を殺しています」「道庁へ！　道庁へ」、と訴え、デモ隊の士気を鼓舞した（後になって戒厳司令部は彼女をスパイ容疑で捕まえたが、実際には、誠実な一市民にすぎないことを彼ら自身認めざるを得なくなった）。

明け方二時ごろ、一台のバスを先頭に全玉珠が街頭放送を続け、その後を二千余人のデモ隊が行進し、良洞アーケード商店街を経て光州川辺に沿って下った。日新紡織、全南紡織、無等競技場を経由して光州駅に集結したので、同駅のデモ隊はこの増援軍によって、さらに士気を高められた。ここで市民たちの一部は車で、市周縁の隅々まで回り、人びとを駅付近に集結させた。空挺隊の発砲にもかかわらず、継続的に行なわれたデモ隊の決死の攻撃は、明け方四時ごろ、戒厳軍を駅から退却させることになった。市民たちは太極旗をうち振りながら駅舎に進撃した。彼らは死体を飛び超えながら喊声を上げた。

「勝った。われわれが空挺隊を追い出した！」

光州駅の向かい側にあるＫＢＳ放送局が少し後に火炎に包まれたが、直ちに自己の消防施設で鎮火させた。駅前広場では道庁前と同様、焼けた車両の残骸一〇台余りが無残な姿をさらしていた。いつものように、明け方の薄明が変わらぬ姿で無等山の後方を明るくし始めていた。市民たちの眠りと家族の安危まで忘れさせてしまった暗闇と火花、喊声と悲鳴、そして銃声にあふれた闘争の夜が、いま明け始めていた。この夜に破壊されたり焼けた主要な官公署は、ＭＢＣ、光州税務署、全南道庁車庫、市内の一六派出所などとみられ、労働庁、ＫＢＳなどの一部も焼けてしまった。中心街は、完全に廃墟となったかのようであった。車両の残骸と潰されたバリケード。アスファルト上に雹のように散らばっている舗道ブロックの破片。火焔瓶のかけら、その間を至る所で流され、固まってゆく血痕。そして、燃え残った建物から立ちのぼる煙。偉大な抗争の夜が過ぎたのである。

夜半すぎから、光州から外部に通じるすべての市外電話は、〝故障〟という理由で、完全に切断された。このときから光州駐在の中央紙記者たちは、道警察局内の警備電話を利用して本社への送稿を行なった。また、高速バスと列車も市内に入ることができず、松汀里で乗客を降ろすほかなかった。『闘士会報』などの地下印刷物以外には、既存の大衆言論媒体は完全に遮断された。前夜焼けた二つの放送局の放送と『全南日報』『全南毎日』の編集が中断された。外部の情報から遮断された光州市は陸の孤島になった感があった。

真夜中の午前一時ごろ、市周縁にある陸軍第三一師団には空挺隊が落下傘で投入され、約一時間あまり激しい銃声が轟いた。（また前夜一〇時ごろ、駅付近の戒厳軍中から第三一師団兵力はいずれかに移動し、周辺のデモ群衆が石を投げると、指揮官がスピーカーで「市民のみなさん、われわれはみなさんの郷土師団である第三一師団兵力です。われわれは、みなさんに害を与えません。今、部隊がちょっと移動中なので、道を空けてわれわれに投石しないで下さい」と言いつつ通過したのを多くの市民が目撃している）。すなわち、郷土師団第三一師団が光州市民に合流することを恐れた軍指導部が、同師団の武装解除を行なう過程で生じた衝突だったのではないかとする情報が入った。

実際に第三一師団は、最初の戒厳令拡大宣布の際に市内に投入されたが、デモが激化して空挺隊の蛮行が極限に達したのでこれへの反発を強め、そのために全南北戒厳分所長が、抗争期間中に更送された。（当時第三一師団の師団長であった鄭雲氏は強制予備役編入となった。彼は八一年春の国会議員選挙に無所属として立候補し、当時郷土師団の責任者であった自分が戒厳当局の命令を拒否した事実を遊説場で明かすや、市民たちの圧倒的な支持を受けた。だが直ちに当局によって、候補辞退を余儀なくさせられた）。

この日政府は、二〇日午後の国務会議で最初の騒擾事件と関連し、全閣僚が一括して辞表を提出した。過渡政府〔崔圭夏政府のこと〕をリードした申鉉碻内閣は、発足後、五ヵ月六日目に退陣した。いまだに光州地域の深刻な状況に関しては、ただの一言も、公式的な報道はなされなかった。

6　武装闘争と勝利の戦取

（五月二二日水曜日　抗争第四日目）

車両デモ

夜が明けると直ちに、昨日未明の新駅戦闘で戦死した二人の市民の死体が市民側の手に戻ってきた。死体は戒厳軍が目に付きしだいトラックに投げ上げて運搬したが、状況が急迫していたので落として行ったのに違いなかった。市民たちは、軍用ジープの後方にリヤカーを連結してその上に死体を乗せ、大型の太極旗を被せて市内にゆっくりと運んだ。太極旗の下から血に染まった裸足が見えた。「これまで彼奴らは、私たちの兄弟の死体を持ち去りながら、一人も死んでいないと報道しているが、みなさん！　しっかりと見て下さい。私たちの友人や兄弟はこのように死んだんです」。市民たちの感情は一層激化し、車両にはあらゆる激烈なスローガンが貼り付けられた。

「○○よ！　われわれの息子を返せ！」

「裂き殺せ！○○○〔全斗煥〕」

午前九時、錦南路に向かって押し寄せた群衆は、歩道はもちろん、車道に至るまで足の踏み場もないほど充ちあふれ、一〇万人以上に達した。みなが素手で闘って多くの犠牲者を出した昨夜を思い出し、武装の必要性を切実に感じていた。カトリックセンター前にいた幾人かの青年が市民に向かって、「アジア自動車工場に行って車を引っ張り出して来ましょう。私たちも武装が必要であり、武装するにはまず車両が必要です。一緒に行く人は前に出て下さい」と叫ぶや、二、三〇人余りの青年が直ぐに集まった。彼らは車窓がみな割れたバスに乗って、つるはしや棒切れで車体を叩き、歌をうたったりしながら、光川洞にあるアジア自動車工場へと向かった。軍納〔軍の受注〕防衛産業体である光州アジア自動車工場には、各種の車両が並べてあった。大型、小型のバス、装甲車をはじめ軍用トラックなどの完成品が全部で三六〇台あった。連日のデモで工場は操業を中断しており、労働者も出勤していなかった。バスに乗った三〇余人の青年たちが工場正門前に到着して押し入ろうとすると、工場関係職員数人がそれを阻止しようとした。会社の幹部らしき者が出て来たが、険悪な雰囲気を見て守衛室から何処かに電話をかけた。

デモ隊はそれ以上ぐずぐずすることはできなかった。今この瞬間にも、多くの市民たちが空挺隊の銃弾で死んでいるというのに、車の数台が何だというのだと抗議しながら車両が置いてある所へ押しかけて行った。青年たちの中に運転のできる者が七人しかいなかったので、彼らはバス七台を引っ張り出し、錦南路に戻って来た。市民はこれを見て喊声を上げた。

まだ多くの車両がアジア自動車工場にあると聞いて市民は、青年たちが乗って来たバスに乗り込んで再び工場へと押しかけた。今度は、工場を守る職員も警備員らもただ見ているだけであった。デモ隊は抗争期間を通してアジア自動車工場から、軍ＡＰＣ装甲車三台を含めて三六〇台の車両全部を徴発・運行した。錦南路の最初の徴発は大型バス二二台、装甲車三台、軍用トラック三三台、民間トラック二〇台、合わせて八〇余台であった。多くの運転手たちがこれら車両の運転を受け持つことになった。車両は午前中には、郊外地域の市民たちを動員して錦南路に輸送するために使用された。中、高校生と若者たちは車に乗って棒切れで車体を叩き、「戒厳解除せよ！」「金大中釈放せよ！」「労働三権保障せよ！」「裂き殺せ！〇〇〇〔全斗煥〕」などのスローガンを叫んで、郊外地域の路地をくまなく回りながら市民を集めて車に乗せ、錦南路に輸送した。

そのときにはすでに文化宣伝チームが活動を始めていて、ペンキで書いた各種のスローガンや宣伝文が車両に掲げられたり、壁や道路のあちこちに貼られた。色とりどりの布地に黒や赤色のペンキで大きく書かれた垂れ幕が、至る所でなびいた。「〇〇〇〔全斗煥〕が反乱を起こした」、「殺人魔〇〇〇〔全斗煥〕を裂き殺せ！」「金大中釈放せよ！」「光州市民の血を補償せよ！」「労働三権保障せよ」「拘束学生、市民を釈放せよ！」「我々は死をもって光州を守る！」。

車両は光州市の郊外をぐるぐる回った。郊外の人びとはその間の状況がどのように変化したのかを気遣い、空挺隊がいまだに市民を虐殺しているという情報と、一晩中聞こえてくる喊声、燃え上がる火炎、銃声と曳光弾に怯えていたのだった。車でやって来た青年たちの、錦南路から空挺隊を追い払ったのでみんな集まろうとの訴えを聞いて、われわれが勝ったのだと拍手をしながら歓迎した。若者は喜びを抑えきれず、すぐ車に飛び乗ってみたりした。また、見物にでも行くかのように孫を抱いたお婆さん、幼い子供を連れた主婦など、多くの市民が車に乗り込み錦南路に向かった。車に乗れなかった人びとも、路地ごとに集まって隊列を組み、市内に向かった。

市内バスやタクシーが正常運行を停止した抗争期間、すべての市民が徒歩や自転車またはオートバイを利用した。すでに二〇日午後から営業用車両はすべて姿を消した。路上に駐車中の自家用車は、デモ市民によって徴発されたりした。車両のエンジン・キーがない場合は、バッテリーの線と線を結んでエンジンをかけた。車の持主の中には車の使用を快く承諾してくれる人もいたが、大部分の人はもうどうしようもないと考え、自分の方から車を放棄した。

すでに光州市は、戒厳軍の統制下から脱し、市民たちが昼夜なく闘い流した血の代価として、市民共同体が作り出されていた。すべての市民が兄弟、姉妹となり、血縁関係のようになって想いを一つにした。

この日明け方から市内のどこででもデモ群衆と青年たちのために食べ物が道端に準備されてあった。市民たちの往来が多い場所にはどこでも主婦たちが集まっていて、通りかかるデモ車両を停めては握り飯を手渡した。光州市民ならば誰もが訪れて腹ごしらえをすることができた。至る所で、盛りだくさんの食べ物が準備されていた。中でも特に、市場の主婦が熱烈であった。彼女らは、過去何日間の惨状をしっかりと見定めた人たちであった。良洞市場、大仁市場、鶴洞市場、山水市場、西方市場等ではちゃんと食べ物が準備されていたが、市場の主婦たちは米やおかずを持ち寄り、班を組織していた。一方、花亭洞、東明洞等の高級住宅街付近は、自家用車で家族だけで市外に逃げてしまったか、疎開地に避難してしまった模様で、人気もなく冷々としていた。

熾烈な戦闘のあった錦南路では洞別に集まった数百人の主婦たちが、のり巻を段ボール箱に入れて道路に広げて置いてはデモ隊に分け与えてやった。のり巻、握り飯、卵、キムチ、飲料水、パンなどさまざまな食物の味自慢が展開された。主婦たちは、昨夜家を出たまま帰ってこない息子、弟、夫を待ちわびながらデモ隊全員を自分の家族のように思い、彼らに腹ごしらえをさせてやることがそのまま自分の血縁を助けることになるのだと考えているようだった。酒などは影も形もなく、酒を飲む若者もいなかった。大部分の主婦は指の節が太く、苦労の跡が歴然としていて、決して生活が富裕な人たちではないように見えた。

デモ隊は、その飲食物等が車両に運び上げられる度にありがとうの挨拶し、美味しく食べたので、「われわれが最後まで闘って必ず空挺隊を光州から追い払いますよ」と誓った。この握り飯こそ、光州共同体の血で結ばれた誓いの飯であった。

握り飯を食べた市民たちは、自分が光州共同体から選び抜かれて民主化戦線に派遣された戦士であるとの自覚を一層強め、決意を新たにした。また食事を準備した主婦たちは、非人間的な恐怖から脱して彼らの闘いに自分も参加しているという事実に気分をよくし、そうしないではいられないようだった。このような食事を通ずる連帯は、錦南路のデモ群衆の戦意を新たに燃え上がらせていった。

交渉の決裂

午前九時五〇分、錦南路のデモ群衆は、道庁前噴水台と道庁建物を守備している戒厳軍と対峙した中で、自分たちの代表を選出して張炯泰全南道知事と交渉を開くことを決定した。市民代表としては金ボムテ（二七歳、朝鮮大学法学部一年）と全玉珠（三二歳、女性）を選び道庁に送り込んだ。二人は道知事に次のような要求事項を伝達した。

(1) 流血事態に対する当局の公開謝罪

(2) 連行市民、学生の全員釈放と入院中の負傷者の所在、生死を明らかにすること。

(3) 戒厳軍は二一日正午までに、光州市一帯から撤収すること。

(4) 全南北戒厳分所長と市民代表たちの交渉を斡旋すること。

しかし、彼らから何の回答も得られぬまま交渉は決裂した。交渉の決裂は、まさに目前に迫った市民たちの完全武装と熾烈な市街戦を予告するかのようであった。

デモ車両は、青年、学生たちを乗せて光州市地域だけでなく全南道内各市郡邑へと疾風のように駆け回った。すでに市民たちに確保された車両は、デモの機動性を高め、デモの範囲を素早く拡散していた。和順—東明—松光、または宝城—筏橋方面と、南平—羅州—務安—木浦、または霊岩—康津—海南—莞島へとデモ車両は駆けめぐった。潭陽、谷城方面への進出は困難を極めた。この方面に通じる高速道路進入口には光州刑務所があって、ここには一七〇余人の思想犯と一般犯二六〇〇余人が収容されていた。このため光州刑務所は、戒厳軍が鉄壁の守備をしており、接近する車両には無条件に発砲を加えた。

デモ車両隊の一隊は午前一〇時四五分、羅州郡南平支署前で光州市民を乗せたバスで邑内を回った。バス上の青年たちはスローガンを叫び、光州の真相を知らせた。直ちに相当数の農村青年がバスに乗り込んだ。バスはさらに木浦方面に向かった。

午前一〇時三〇分、〔ソウルの〕内務部の電話のベルがけたたましく鳴った。全南道庁からの急迫した状況を知らせる電話であった。「これでわれわれは撤収する」という最後の交信を送った後、電話は不通になった。

軍のヘリコプターが道庁と朝鮮大学、全南大学の間を往き来し、道庁地下室に押し込んであった市民の死体と鎮圧武器、弾薬、道庁の重要機密書類などを他の場所に移していた。これを見た市民たちは、彼らを追い出すことができるという確信を一層固くした。対峙中であった市民たちの判断でも、数多くのヘリコプターが道庁内から離着陸する様子からして、戒厳軍撤収の予備作業が始まったと感じられた。ちょうどこのときにも昨日と同様に、檄文が印刷された五種類のビラが錦南路と市内の至る所でまかれた、内容は、悽絶な民衆の抗争を伝えるとともに空挺隊員の虐殺蛮行を告発し、全国民の決起を促したものであった。昨日と異なっていたのは、市民の行動を組織的に統制しなければならないということを強調し、全南大生は公共ターミナル、朝鮮大生は鶏林派出所、専門大生と看護大生はMBC、男女高校生は山水洞五叉路、市民は各洞別に集まり、すべてが同時に道庁に集結しようと訴えていた点だ。このときから市民たちのすべての戦闘スローガンは、ただ一つ「道庁へ」となった。

一一時ごろ、光州市長は市民たちの要求で光州駅前に出て来たが身辺の危険を感じて逃避してしまった。一一時一五分、山水洞付近のデモ隊は池山洞にある光州地方検察庁と裁判所庁舎に突入し、一部器物を破損した。あるデモ車両は、コカ・コーラ湖南食品会社とロッテ製菓に入り、各種のパンと飲料水などを満載してきて錦南路のデモ隊に供給した。

一一時二五分には羅州方面に進出していたデモ隊が、多くの羅州郡民を乗せて市内に入って来た。道庁を中心にしたいくつもの道路には、三〇余万人の市民が戒厳軍と押しつ押されつの衝突を繰り返していた。いまや戒厳軍も阻止線を脅かされるありさまとなった。市民たちは一気に押し切ろうとの気勢を示し、戒厳軍の催涙弾もほとんど底をついたようだった。市民は手拭いに水を浸して鼻をふさいでは果敢に攻撃した。突如銃声が響き、デモ隊の先頭に立っていた何人かの人が倒れた。デモ隊列は左右に波のように分かれ、錦南路はがら空きとなった。デモ隊は素手のまま、ビルの壁や路地に張り付いていた。この日の白昼公然の発砲は、もはや最後の決戦が不可避だという事実を、市民にはっきりと知らせるものであった。これによってそれまでの、もしやという市民の平和的解決への期待は微塵に砕けた。〔こうして闘争は〕運動の質的な飛躍段階を経て、自らを武装し、民衆運動の高度な形態としての内戦の様相を帯びるようになるのである。

錦南路第二次戦闘

連発の銃声が止んだ後も一時デモ群衆は、身も凍るような衝撃の中で茫然と立ち竦んでいた。しばらく後、彼らの間からは、それまでの浪漫的でざわついた雰囲気が消えた。まだ勝利を謳歌できる時ではなかったのだ。交渉や妥協では問題は解決し得ず、もう引き帰すことのできない破局に入り込んだことを当局も悟ったようであった。戒厳軍発砲のニュースは郊外地域でまだ浪漫的な解放感に湧き浸っていた車両デモ隊にも伝えられた。デモ隊は、それまでの自分たちの闘争がいかに現実離れしたものであったかを深く悟り、武器を獲得しなければならないという結論に達した。彼らはためらうことなく、武器の奪取という明確な目標を持って近郊へと進出して行った。

道庁で銃声が上がるとデモ隊の中の老人や子供、主婦は、錦南路両側の路地深く入り込み、道庁方面を胸を締めつけられる思いで見守っているだけだった。しかし、青年と中壮年の男性たちは再び道路に飛び出して行った。労働庁から道庁に抜ける道路の入口では高校生二〇〇余人が、憤怒を抑え切れず投石しながら突撃して行った。空挺隊の照準射撃が一斉に行なわれ、七、八人の高校生が頭や胸を撃ち貫かれて道路の上に倒れていった。周囲の市民が怒り声を上げた。「いくら何でもこんな事があってよいのか。お前らには弟はいないのか！」「幼い学生たちが死んではいけない。むしろわれわれが死なねばならない！」。

市民は、まだ死に切れず道路上でうごめいている高校生を救出しようと飛び出して行った。しかし敵の照準射撃は、彼らをも射殺してしまった。それからまた、連続射撃で威嚇を加えた。負傷したまま助けを求めて叫ぶ人びとの哀願の声が、他の人の血を燃やした。また何人かの人が飛び出しては銃弾を受けて倒れた。こうしてあっという間に、二〇余人が数万の目の前で死んでいった。一〇分以上続いた射撃音が一時止んだ。太陽の光が屍となった人たちの周囲を照らし、路上の血溜りに反射していた。やがて戒厳軍が出て来て、死体を引きずって行き出した。これを見ていた市民たちは悔しがって地団駄を踏んだ。「奴らに死体を持って行かせてはならない。われわれが死んだ兄弟たちを取り戻そう！」　勇敢な市民たちが一斉に飛び出し、市民側の近くにあったいくつかの死体と貫通傷を受けて死直前の人数人を引っ張り込んだ。負傷者たちは横の路地で待機していたジープ車に乗せ、ただちに総合病院や近くの個人病院に運んだ。一人の高校生は太腿に貫通傷を受け、ズボンが流血で赤く濡れ染まり、顔は蒼白ですでに死の気配が漂っていた。またいま一人は白い夏服の上衣が血に染まり恐らく横腹に貫通傷を受けたのだろう、内臓がよじれながら道路の上にはみ出していた。破れた臓器からは、朝食にとったまだ未消化の麦粒がくっついているのが、陽光を受けて鮮明に見えた。付近の建物のあちこちに張り付いて、この有様を見ていた市民はみな泣いた。

午後一時五分、錦南路ＹＭＣＡと第一銀行の間に停めてあった大型トラック一台が突如エンジンをかけ、速力を上げて空挺隊の阻止線に向けて突進して行った。空挺隊はまたもや、Ｍ16自動小銃を連射した。突進して行ったトラックはガラス窓に弾を受け停車した。運転していた青年は全身血まみれとなって、トラックを必死に後退させようとした。車は東区役所まで後退して止った。市民たちが周囲に集まって行った。青年は何かを言おうと必死に口を動かしていたが「〔全斗煥〕殺せ！　光州市民万歳……」という最後の言葉を残し、頭を前方に傾け運転台に上半身を頂けたまま絶命した。後方の荷台に乗っていた二人の青年は、石ころを手に握ったまますでに死んでいた。

群衆がトラックの周囲に引き続き集まると、空挺隊は市民に再び無差別乱射を始めた。あっという間に、逃げ切れなかった数十人の市民が倒れた。肩や太腿に貫通傷を負った四〇歳代の中年男性は、まだ意識が残っていて手を動かして助けを求めていたが、しばらくして絶命した。ある青年は膝に弾を受け、足を引きずって必死の力で這い出して来ていた。しばし、豆を煎るようなＭ16の連続射撃音が止むと、周囲には恐ろしいほどの静寂が訪れ、その中で負傷者たちの呻き声が時どき聞えてきた。空挺隊は昨夜のように一〇分間ずつ威嚇射撃をしていたが、さらに路上に人が見えると正照準で撃ってきた。

「光州万歳！」、錦南路を響音を響かせながらAPC装甲車一台が疾走してきた。装甲車の上では一人の青年が、上衣を脱ぎ捨て頭に白い鉢巻きを巻き、太極旗を振りながら万歳を叫んでいた。道路の市民も共に万歳を叫んで喊声を上げた。観光ホテル前まで来ると装甲車は、全速力を上げて道庁へ進撃して行った。噴水台に近づいたとき、道庁庁舎の四階屋上から照準していた空挺隊が青年を撃った。鮮血が空中に飛び散り、頭を撃ち貫かれた青年は即死した。死体を乗せた装甲車は、そのまま労働庁方面に抜けて行った。

労働庁付近のチョンサン学院前では、もう一人の青年が軍用トラックを運転して来て周辺の市民に向かって叫んだ。「皆さん、このように見物だけしている時ではありません。彼奴らを打ち破るために決死隊を組織しましょう。私と共に行動する一〇人ばかりの人が必要です。死を覚悟して彼奴らと闘う人たちだけ集まって下さい。西方側の給油所に行き、揮発油ドラム缶を全部運び、火をつけた車両を道庁へ突入させましょう」。すると瞬時に三、四〇人が集まった。彼はまた叫んだ。「こんなに多くの人は必要ありません、本当に死を覚悟した人だけ来て下さい。私が直接車を運転して道庁に突進するつもりです。共に死ぬ人が必要です」だが誰も退かなかった。仕方ないというように青年はみんなを集め、車に乗って給油所に向かった。こんな具合いに、錦南路では五、六台の軍用トラックが非武装のまま次々と突進して行った。空挺隊が道庁屋上に設置したM60機関銃を発射し始めると彼らは、蜂の巣のようになって死んでいき、車両はそのまま道庁噴水台にぶつかったり、道庁正門や塀に突き当ったりした。すべてが壮烈な戦死であった。

それまで郊外地域を駆け回ってデモをしていた車両も、道庁の銃声を聞いてすでに集まっていた。そしてバスや小型車両などは、主に負傷者や死体などを病院に運んで行った。総合病院、個人病院の別なく何処もが重傷患者で満員であった。すぐ隣りで人が死んでいっても、医療薬品や人手不足のため、手を尽す暇もないほどの忙しさであった。病院も錦南路に劣らぬ阿鼻叫喚の地であった。あちこちから、死の苦痛にうめく絶叫が聞こえてきた。医者や看護婦たちは息つくまもなく駆け回り、一人でも多くの人を救うために全力を尽した。抗争の全期間を通じたこうした医者や看護婦、病院職員たちの犠牲的な奉仕は、光州市民の共同体的精神の発露であったといえよう。病院の前には、献血をするために家庭の主婦、娘たちだけでなく幼い少年まで腕を捲り上げて駆けつけてきた。赤十字病院前では黄金洞の飲み屋の娘たちが団体で駆けつけ献血をした。初めは彼女たちの職業柄、できるだけ献血を辞退しようとしたのだが、その涙の懇願の前に負けてしまったのであった。彼女たちは泣きながら「私たちも清潔な血を持っています」と絶叫した。基督病院では、近隣の主婦や女高生たちが押しかけて来た。

一方、錦南路では、道庁付近上空に突如ヘリコプターが現われ、急速に高度を下げ、MBCがある菜峰路の近くで機銃掃射を始めた。錦南路周辺の路地で騒いでいた人たちは、一斉に地面に伏せたり建物の中に隠れた。ここでも多くの人が犠牲になった。二時から三時までの間二〇〇余人の市民が、中央路地下商店街工事現場付近に集まって籠城を始めた。そこは道庁からわずか三〇〇メートルの所であった。彼らは「愛国歌」、「われらの願いは統一」などを歌いながらスローガンを叫んだ。彼らの前方では、引き続いて多くの市民が倒れていた。道庁側から飛んできた弾丸が、籠城を指揮していた学生の肩を貫通した。市民たちが倒れた学生を背負って、工事中に掘り起こした地下道の入口に身を伏せた。しばらくして警察から奪い取ったガス車が一台走って来たが、車の中にはカービン小銃が三〇余丁積んであった。市民たちが予備軍武器庫から獲得した銃であった。これが、地下道にいた市民たちに実弾と一緒に分け与えられた。

彼らが最初の武装市民軍となった。多くの数量ではなかったが、とにかく市民側からも射撃が始まった。彼らは各自隠蔽できる建物を捜して入り、窓ガラスを破り、道庁側に向けて射撃を加えた。性能も戒厳軍の物よりはるかに劣るカービン銃とM16自動小銃は、音からして違っていた。戒厳軍と市民との銃撃戦は錦南路を中心にして熾烈に展開された。もう誰も素手で、敵陣に突撃する市民はいなかった。非武装のときよりは死傷者は減ったとはいえ、なお、続々と市民が倒れていった。銃のないデモ群衆の中には家へ帰る者もいたが、大部分は錦南路から遠く離れた所から空挺隊と市民軍の市街戦を注視していた。彼らの表情には、沈痛な影が濃く落とされていた。

市民軍の登場

午前二時ごろ、デモ隊の車両は武器を奪取するために、ほとんどが地方に抜け出していった。

和順地域に出たデモ隊は住民の熱烈な歓迎を受けて炭鉱へも向かった。一〇余台の車両が炭鉱に到着すると五〇〇余人の鉱夫が歓迎し、デモ隊を迎えた。彼らは鉱夫たちの助けを借りて武器庫から多量の銃と弾薬を獲得した。デモ隊から光州の惨状について話を聞いた鉱夫たちは、涙を流しながらTNT貯蔵庫から多量のダイナマイトと雷管を出してくれた。一部の鉱夫がデモ隊に加わってきた。彼らと共に邑内で和順東明支署を襲撃して武器を奪い、再び光州に帰って来た。

同じころ、羅州方面に出た七台のバスは、デモ隊となった紡織工場の女工たちを満載して帰って来た。羅州警察署は空っぽであった。光州デモ隊を鎮圧するために出動し、残っていたのは数人だけであったが、彼らもデモ隊を恐れて逃げるか、遠くから見ているのみであった。デモ隊はここでカービン銃九四丁、拳銃二五丁、空気銃一五一丁を奪取した。また彼らは羅州錦城洞派出所を襲い、M1小銃二〇〇余丁、カービン小銃五〇〇余丁、弾薬五万発を奪取した。彼らは午後三時ごろ、栄山浦のヨンカン洞支署を占処してさらに弾薬二箱を獲得して四時ごろ光州に帰って来た。

これに似た状況が長城、霊光、潭陽等でも連続して起こり、奪い取った武器は市内のデモ青年に分配された。二時四〇分ごろには五〇余人の青年によって池元洞石山弾薬庫が破壊されて多量のTNTと雷管が手に入った。

三時二〇分ごろにはすでに、各種の銃器で武装した数百人の青年デモ隊が道庁前に進撃して、熾烈な銃撃戦を展開していた。これ以後、この武装デモ隊は光州市民から「市民軍」と呼ばれるようになった。そして市民軍を友軍、戒厳軍を敵軍と呼んだ。

すべての市街地が激戦地と化した。空挺隊は道庁、観光ホテル、全日ビルを中心に、各種の突出物を隠蔽物として射撃してきた。市民軍は路地などに隠れ、用心深く身を伏せて応戦した。市街戦は、空挺隊が道庁から撤収した午後五時半まで継続された。数多くの青年が、市街戦の最中に倒れていった。武器がない人たちは路地に隠れていて、市民軍が倒れると素早く駆けて行ってその銃を手に取り闘った。特殊訓練を受けた陸軍の精鋭である空挺隊と、非組織的な市民軍との戦闘は大人と子供の闘いと同じであった。市民軍側の犠牲者がずっと多かった。それだけでなく、空挺隊の火力は同等人数の歩兵の火器の数倍にもなるものであった。市民軍側のMI小銃とカービン銃は、第二次大戦の残存武器で、きわめて古い銃であった。その間にも、光州郊外から奪い取ってきた武器などが引き続いて分配されていた。全南紡織と湖南電気の予備軍武器庫からも多量の武器と実弾が奪取された。

市街戦は道庁を中心に全南大学医学部方面、労働庁方面、公園方面、錦南路などで展開されていた。死傷者が続出したが、もはや誰も死傷者を道路から引っ張り込むことはできなかった。死傷者は銃弾が雨あられのように飛び交う道路上に放置されたまま、倒れていた。

四時ごろ、光州公園に車両が集まり始めた。大部分の車両上には、武装した市民軍がぎっしりと乗り込んでいた。何台かの軍用ジープ、市役所弘報車、道路巡察用パトカーが市内各地をかけ回り、光州公園と柳洞三叉路に集まるよう指示したのであった。そのときまで無秩序に走り回っていた各車両が、次々に公園と柳洞三叉路に集合して来た。民衆の間に、自発的な戦闘指導部が形成されつつあった。

五時ごろ、数百台の車両と数千人の群衆が集まっていた公園で、四〇歳代と見られる中年男性が階段に立ち、カービン銃を高く差し上げて何かを叫んだ。だが市民のざわめきはなかなか止みそうになかった。彼は自分の額に小銃を突き付ける真似をしながら、なおも叫び続けたので、郡衆はしだいに注意し始めた。「みなさん！　現在のように無秩序に動き回るだけでは、戒厳軍を追い払うことはできません。今から私の統制に従って、各自部隊を編成して行動しましょう！」。

どこかの予備軍中隊長と見えるその男性は、まず車両上の青年たちをみんな降ろして一〇人余りずつ隊を組ませ、整列させせた。武器を持った人たちの編成がほとんど完了しつつあったころにも、武器を奪ってきた車両が続々と到着した。編成された隊列の中の人びとは、一〇代後半と二〇代が主流をなしていた。その次は三〇代と四〇代後半であった。一三歳前後の子供たちの相当数も小銃を持っていた。彼らの職業はそこでは直接確認することはできなかったが、大部分は労働者、大工、工事人夫など直接労働に従事している人たちや、靴磨き、屑拾い、ウェイター、浮浪児、日用品売り等々であった。また教練服を着た高校生も大勢いたし、時折り予備軍服を着た壮年層も見えた。三、四〇歳代の中年層参加者たちは、自分の家族や弟、親戚、友人などの死によって憤然と立ち上がり、銃を取った人が多かった。指揮者は、できるだけ子供たちからは銃を回収して予備軍の人たちが所持するよう指示したが、泣きながら銃を手離さないと駄々をこねる子供もいた。自分の兄が死んだのでその仇をうつのだということだった。ほとんど大部分の武器所持者は、小銃や手榴弾を扱った経験を持たなかった。

組別の部隊編成ができると各組長たちは、隊員に銃器操作法と手榴弾使用法、あるいは射撃の要領などを教えた。武装隊列に編成された群衆は、自分たちの闘いが実際外部にどれだけ知られているのだろうかと案じた。後に是正されたが彼らは歩きながら、ラジオの音量をうるさい位に大きくして聞いていた。それほど彼らは、武器を取って闘いながらも、孤立感に苦しんでいるようであった。最初に編成された部隊は一二〇人位であった。市民軍が確保した実弾の量はきわめて不十分で、二〇人が一組となって鶴洞に配置された部隊には、実弾が八クリップしか分配されなかった。部隊編成が終わると、予備軍中隊長と見えるその四〇歳代の男性が叫んだ。「今夜われわれは最後の決戦を挑まねばなりません。各組は私の指示に従って鶴洞、和順方向進入路入口、白雲洞、木浦方向入口、光川洞高速道路進入路、良洞、徳林山、尚武台進入路、西方第三一師団と刑務所方向などにおもむき、そこをあくまでも死守して下さい。最後のあがきのためにもしかすると、今夜戒厳軍が戦車で攻撃してくるかも知れないので、最後まで闘い、勝たねばなりません」。みんなは、各自車両に乗るか、歩いて配置された地域に分散して行った。

柳洞三叉路でも同じような事が起こっていた。数十台の車両が勝手に走り回わり混乱していたとき、中年の男性が道路公社所属の巡察車に設けてあるスピーカーを通して、すべての車両はアジア劇場方面に集結するように放送し、武装した市民たちを三叉路に集めた。向かい側の道庁付近錦南路では、まだ銃撃戦が継続されていた。彼は集まった人たちを整列させ、武器を分け与えた。数千人の人が見守る中で、武装した市民軍が直ちに二〇〇人ほど編成された。彼らが一〇～二〇人ずつとなり、防御地域への移動準備を整えると指揮者が叫んだ。

「みなさん！ 死ぬのが怖い人は今からでも家に帰って下さい。われわれは今夜、残忍無道な空挺隊と闘い、勝利を得ねばなりません。一人でも逃げてはならないし、最悪の場合には全滅するかも知れません。今、敵軍は道庁で、友軍と熾烈に交戦中です。今夜尚武台兵力が石峠付近に向かって進入してくる可能性があるとの情報が入っています。また、われわれの推測では、第三一師団兵力が梧峙を通って西方に攻撃を加える可能性もあります。したがって、今準備されている火力中のLMG〔軽機関銃〕と機関銃3丁はアジア劇場屋上に一丁、その下の道路端両脇にフラワーポットでバリケードを張って各一丁ずつ配置して下さい。そしてみなさんは、暗くなったら絶対に動き回ってはいけません。周囲におられる市民のみなさんも早く家に帰り、食事をして家中の灯を消して下さい」。

体系的な指示を下しているのを見ると、相当、軍事知識に精通した予備軍のようであった。

しばらくして彼らは、車両や徒歩で各地域に配置された。鶴洞市場入口に到着した市民軍二〇余人は、その地域で武装して活動していた数人と合流して、和順方面への進入路の遮断警戒に入った。この組に編成された市民軍は、一〇人以上が高校生と大学生で、あとは会社員、商人、店員たちであった。彼らは付近の三階建の建物の各階ごとに二、三人が一組となり、建物内から銃口を外に出して監視し始めた。射撃は組長の射撃命令によって行なうよう統制されていた。家主は、市民軍が入ってくると食べ物を準備しておき、自分は子供たちを連れて楊林洞の本家に避難するからしっかり守ってくれと、言い残して去った。

基督病院付近では、四、五〇人の市民が車両でスピア女子高校付近の峠の道に配置された。彼らは配置される前にスピア女子高校の講堂で、実弾装塡と照準、夜間射撃要領を予備軍の人から教えて貰った。また彼らの中の何人かは、全日ビルが道庁戒厳軍の前方観測所としての役割を果たしていることを見抜き、そこをダイナマイトで爆破する計画を立て、何度も爆破実験をしてみたが雷管がなくて実現不可能となった。

白雲洞鉄道踏切付近に配置された兵力は二〇余人であった。彼らも道路両脇三階建ての建物に入り、木浦方面への進入路がよく監視できる場所に各自位置を定めた。

道庁占領

一方五時ごろ、道庁の戒厳軍を撃退し、彼らを光州市全域から完全に撤収させる決定的な契機を作った作戦が進められつつあった。市民軍特攻隊一一人がＬＭＧ機関銃二丁を担いで、全南大学医学部付属病院一二階屋上に上がったのであった。

戒厳軍臨時本部である全南道庁が確実に射程距離内に捕捉できる病院一二階屋上に、市民軍は機関銃二丁を並べて設置した。上空ではヘリがこの光景を偵察していた。道庁と病院との距離はわずか三〇〇余メートルほどであり、道庁の高さは四階しかなかった。ようやく市民軍は、戦術的に有利な高地と優秀な火器によって、道庁を攻撃することができるようになった。彼らは道庁に向けて猛烈な射撃を始めた。二丁のＬＭＧ機関銃が曳光弾を引いて激しく唸りを上げた。道庁に機関銃弾が雨のように降り注いだ。道庁の戒厳軍本部は、それ以上は支えきれなかった。四方から武装市民軍が道庁を包囲し、攻撃したが、陥落の可能性はまだ薄かった。よく訓練され、射撃術も優れ、強力な火力を誇る空挺特戦団が守備していたからだ。だが、間もなく暗くなってくるであろうし、何よりも機関銃が直ぐ頭の上から狙いをつけていた。また他の情報が、事態の深刻性を伝えていた。情報要員が市民たちの間に紛れ込み、入手した情報によると、市民たちは決死であり、また軍事知識を備えた予備軍メンバーたちが大挙して市民軍に加担していた。市民軍の攻撃は続いた。揮発油を沢山積み込んだ消防車が道庁正門突破のため道庁に突進していった。市民軍の勝利は、すぐ目の前にきていた。

五時三〇分、戒厳軍の総退却が決定された。彼らの退却は、慌てふためいた敗残兵の逃走であった。装甲車一台が道庁から鶴洞方面に疾走しながら、道路の両脇に向けてＭ60機関銃を無差別に乱射し、猛スピードで支院洞入口まで二往復してそれを繰り返した。戒厳軍の退路を確保しておくための威嚇射撃であった。通りに出て見物していた多くの市民がこの機関銃弾に当たり、路地ごとに数人ずつの死傷者が出た。鶴洞市場付近に配置されていた市民軍も、緊張度を高めた。しばし静寂が続いた後、兵力を積んだ軍用トラック一〇余台が道路の両脇にＭ16小銃を乱射しながら、恐しいほどの速度で疾走して通り過ぎた。市民軍も猛烈に射撃を加えた。一〇分ほど過ぎたころ、一人の少年が道路に頭を出して声を上げた。「おじさんたち。軍人は逃げて行ったよ。もう撃つのは止めてよ」。その声を合図に銃声は止んだ。さいわい市民側に被害はなかったが、下の路地では家族の誰かが銃弾に当たって死んだのか、慟哭する声が高く聞こえてきた。

戒厳軍は所属部隊別に朝鮮大学側に向かって退却し

た。そして暗闇を利用して、直ちに外郭道路へと全部隊が退却して行った。道警察局幹部は部下に「事態が急迫しているので各自避難せよ」と指示し、それぞれ道庁の裏塀を乗り超えて慌てて逃げて行った。朝鮮大学と全南大学にいた部隊も暗くなるとすべて退却したが、彼らを追撃する市民軍の銃声が後を追った。暗くなって銃声も止んだころ、市民軍は、錦南路両脇に散開して道庁に向かった。八時ごろに勇敢な市民軍の先鋒隊が、銃弾を数発発射しながら道庁内に突入した。だが、何の反応もなく、暗闇の道庁内は全くの空っぽであった。五月二一日夜八時、ついに市民軍は、光州全域から戒厳軍を追い出し、勝利を戦取したのである。

血の抗争四日目、戒厳軍は一身を投げ打って前進する市民軍の果敢な攻撃の前に追い払われてしまった。車両に乗り、肉体と車体が火の塊となって散華していった若者たち。石ころ一つで機関銃と対決した少年たち。アスファルト道路の上で死んでいった素手の市民たち。そして銃を撃ち闘いながら、何処かの路の隅で息をひき取った武装市民軍の人たち。名も無い戦士たちの血に染まった顔が、暗闇の道庁上空を流れ星のように輝いていった瞬間であった。組織もなく訓練も受けぬまま軍の精鋭空挺特戦団を退けた市民軍は、今や光州民主共同体の軍隊として、解放の高価な結実を守り抜かねばならない使命を負うことになった。そして噴水台周辺の血溜りがまだ洗われていないというのに彼らは、耳もとに鳴る銃声と悲鳴、松林を揺るがせる強い山嵐のように錦南路に響きわたった「アリラン」の歌声を生々しく想い起こした。「勝った！　われわれが勝った！」。道庁の周囲から喊声が起こっていた。

道庁の建物の中には、いろいろながらくたが散らばっていた。彼らがどれだけ慌てて退却したか一目瞭然であった。道庁裏の道警本部にも、戦闘警察が捨てて逃げた隊員帽と防石チョッキ、デモ鎮圧装具一式、棍棒、無線機、防毒面などと作戦命令書、地図などが散らばっていた。恐らく病院屋上から市民軍の機関銃が火を吹き出してから、慌てて身一つで逃げたのだろう。いろ朝鮮大学と全南大学でも、状態は同様であった。いろいろな軍の装備などが彼らの宿所に散らばっていた。

全南大学に設置されていたガリバー五〇機関砲は、すでに移動させてしまったようだった。

暗くなってから銃声が連続して起こった。朝鮮大学の裏山を越えて逃げていく戒厳軍敗残兵を追撃する市民軍の銃声であった。空挺隊の一次集結地が朝大裏山の證心寺であったためだ。光州市民が消灯をしたので、全市街地はまっ暗闇であった。暗闇の夜空に時たま、周縁道路から発射される機関銃の曳光弾が花火のように輝いて消えた。外は疾走する市民軍の暗号連絡車両と戒厳車を追撃する兵力輸送用車両以外は、蟻の子一匹這い出ることもできぬ状態であった。この夜の市民軍の暗号は「煙草――煙り」であった。それは連絡ジープ車を利用して瞬時に、周縁地域を警戒中の市民軍に伝達された。夜が深まると周縁地域の住民は武装をして村の周囲を巡回したが、そんな時戒厳軍と遭遇しても地形地理に詳しい市民軍側が有利で、被害は戒厳軍の方が多かった。

この日の夜を期して戒厳軍は、松汀里方面に通じる花亭洞、和順方面の池元洞、木浦方面の大同高校前、麗水順天方面の文化洞、第三一師団方面の悟峙、長城方面の東雲洞、刑務所一帯などの七地点で、光州市を他の地域と遮断・封鎖する作戦に変えた。ここに動員された兵力は第二〇師団であったが、松岩洞付近では、退却する空挺部隊と遮断作戦を遂行するために入って来た第二〇師団兵力との間で、相互間の確認ができなかったため、銃撃戦が展開された。この衝突で相方で最小限三〇人以上の死傷者が出たであろうと、住民たちが語っていた。

夜九時から下り列車が、長城で運行を中断した。戒厳軍は長城と光州の間のトンネルを徹底的に封鎖した。だが、二二日までは近隣の市、郡との通行は比較的自由にできた。また二一日、光州市内に居住していたアメリカ人約二〇〇人はすでに逃れて松汀里で待機していたが、軍用機でソウルに空輸された。松汀里軍飛行場では、この日夜九時ごろ一二時までの間にそこに着陸していたすべての軍用機を群山、鳥山飛行場に移動させた。

この日の戦闘で市民軍が獲得した武器は次のようで

あった。カービン小銃二二四〇丁、M1小銃一二二五丁、38口径拳銃一二丁、45口径拳銃一六丁、LMG機関銃二丁、実弾四万六四〇〇発、一〇余丁のM60機関銃、TNT四箱、多量の手榴弾、雷管一〇〇個、装甲車五台、その他各種軍用車両と数十台の無線機、防毒面等であった。

一方この日になってやっと『東亜日報』には、「光州事態対策講究」という表題の記事が載った。戒厳司令部が発表した内容をそのままに、去る一八日光州一帯で発生した騒擾事態がまだ収拾されずにいると、短かく報道したものであった。

戒厳司令部の発表によれば、二一日午前七時現在集計された被害状況は、軍・警五人と民間人一人死亡、軍・警三〇人負傷となっていた。だが実際には、二〇日夜の戒厳車の発砲によって犠牲になった人だけでもどれだけになるのかわからないほどであった。それにいまなお、病院では多くの人たちが死につつあった。ただ、戒厳軍が明らかにした流言蜚語という部分は、ほとんど大部分が事実と一致するものであった。また戒厳司令部は金大中氏に対する中間調査内容を発表したが、学園デモ事件の緻密で、組織的な背後操縦者であると規定した内容のものであった。(『東亜日報』一九八〇年五月二二日)。

一方この日も各種のビラ作りを活発に展開していた学生と青年たちの活動は、尹相元によって主導されていた。後に抗争指導部を形成することになる青年たちはこの日某所に集って対策を協議していたが、銃撃戦が本格化すると午後四時、再び市内に集り地下会議を開いて状況を検討した。この席には、尹相元、鄭祥竜、李樑賢、尹カンオク、チョン・ヘジクおよび、他の二、三人が参加して討議した。「現在の状況は、表面的な政治運動の域を脱していない。これ以上、運動の深まりはなく、恐らくこの段階で挫折してしまうだろう。組織的な力量の成熟がない現状で、運動は明らかに一定の限界を持たざるを得なかった」。このような結論を出し、個人的に参加するか避難するかは各自の判断に委ねることにして散っていった。すなわち、この席における結論は、その先に展開される抗争の運命に、決定的な限界線を設けてしまったものであった。

戒厳軍の敗退は、戦略的考慮に基づく退却戦術としての性格を持つものであった。戒厳軍の退却理由は以下のようなものであった。第一に、市内で市民軍と銃撃戦を持続することはすでに高度化した運動を更に持続的に発展させてやるだけであり、双方に膨大な犠牲をもたらす。第二に、したがってこの運動の拡大防止に最大の努力を傾け、他の地域との徹底した遮断・包囲で光州市を孤立させる。第三に、まだ民衆組織の基盤がない他の地方、地域の鎮圧に重点を置く。第四に、マスコミを動員した宣伝攻勢を通して民衆の闘争意識を混乱させるとともに、執拗な内部撹乱と心理作戦で戦意を低下させ得たときに武力鎮圧する――こうした基本戦略を含蓄していたのである。このような目的を達成するために地域的感情を最大限に誘発させ、慶尚道地域との連帯的運動の可能性を断絶させようとした。また世論操作を通じ、市民軍とデモ群衆を暴徒として扱うことにより、ソウルをはじめ全国の動きを封鎖しようとした。すなわち、運動熱気の広範囲な拡大を防ぎ得るならば、自然発生的で非組織的な大衆運動は初期の爆発的な運動エネルギーにもかかわらず、組織や目標を持ち得ず、簡単にしぼむということを彼らは知っていた。都市を農村地方から完全に孤立させるならば、食糧や生活必需品などの不足が生じ、決して長く堪え切れないという都市戦の基本的弱点を最大限に利用したのが、戒厳軍の退却と外郭包囲の内容であった。したがって、戒厳軍の作戦は、その後の全抗争期間を通して、周縁地域の守備を徹底して強化する一方、光州市内部に逆情報または逆宣伝を浸透させ、市民軍と市民らの間に違和感をもたらす、非正規の宣伝戦に最大の力点を置くようになった。

第3部

光州よ! 光州よ! 光州よ!

7　解放期間　Ⅰ

（五月二三日木曜日　抗争第五日目）

収拾委員会の設置

抗争五日目の朝が明けた。勝利と解放の感激は、東の空が明け染め、朝の陽差しが輝きだすように、全市民に広がっていった。それは、解放であった。これまで彼らの生命を脅かし、人間性の高貴さを踏みにじってきた者たちはすべて追い払われ、いまや血で結ばれた、隣りと隣りの人だけがみちあふれている市民自身の都市・光州は、あらゆる挫折、圧迫、不自由、反民主、分断等々の鎖と束縛から主体的に解き放たれた解放地区となった。

道庁へ、道庁へ行こう！

すべての人びとが生命を賭して闘いとった民衆の広場がある道庁をめざし、この路地、あの町から押し寄せてきた人びとが群れをなして錦南路をめざして行進し、その行列は途切れることがなかった。五月一八日から二一日までに起こったあらゆる劇的な諸事件は、空挺隊の緻密な鎮圧作戦を除いては、すべてが即興的な対応であったし、偶発的な契機によって行なわれたものであった。光州市民の戒厳軍に対する挑戦は、受動的かつ自然発生的なものであり、脅かされた生存権に対する自己防衛であったが、実際に彼らの抗戦が意味する歴史的な内容は、はるかに含蓄の深いものであった。事実、東学農民戦争以後はじめて民衆が自分たちの住む地を掌握し、これから自らの要求に即した行政体系と秩序を打ち立てていくことになったのである。市民は、自分たちの闘いがもたらしてくれたこの途方もなく大きい解放を、互いに実感し始めた。あちこちから集まった人たちは、ここ数日間の事件についての武勇談と空挺隊の残忍さ、今後誰もがしなければならない仕事が何であり、状況がどうなっていくであろうかという話を交わすなど、時の経つのを知らなかった。

錦南路通りは、朝早くから市民によって綺麗に清掃されていた。市民は、昨夜まで戦闘用に使っていた軍用トラックを清掃車として使用し、車両運搬用クレーンは、一昨日焼き払われたまま街頭に放置されている車両を引き出していった。市民は路上に落ちた看板の切れ端や、各種バリケードの残骸などをすべて掃き清め、街路を綺麗に整頓した。東区役所付近から錦南路通り横までの銀杏の樹々は、連続的な催涙ガスの発射によって木の葉がみな落ちてしまった。

市内のあちこちには、銃口を外に向けたまま覆面をした市民軍が搭乗した車両が、「戒厳徹廃」「〇〇〇(全斗煥)処断」など、血書で書かれたプラカードをつけ、スローガンなどをまき散らしながら市街を走り回っていた。彼らは凱旋した兵士のように意気揚揚としていたし、市民の歓呼もまた熱狂的であった。誰も彼も市民軍を味方であると呼ぶのをためらわなかった。婦女子たちは、誰彼を問わずデモ車両を停めさせてはにぎり飯やのり巻きご飯をまめまめしく与えていた。彼らは、市民軍の青年たちががつがつと食べる姿を見て満足そうな面持ちで、どのように闘ったか、負傷はしなかったかと聞いた。これに対し市民軍は、誇らし気に自分たちの武勇談を語った。ある婦人は、水桶をかついできて彼らの汚れた顔を拭いてやり、背中を叩きながら励ましてやっていた。みなが、自分の息子や弟のような人たちであった。薬局の前を通り過ぎるときには、薬剤士たちが疲労回復剤やドリンク剤を一、二パックずつ車両に与えていた。市民軍が、もう沢山食べたのでいらないと断っても、他の同僚にも分けてやるようにといって、結局は食べ物を受け取らせてしまうのであった。街角のスーパーマーケットや商店では、煙草を数箱ずつ車の上に投げ与えた。しかし、どこでも酒のやりとりはなかった。市民軍はむろんのこと、他の人たちも酒を飲んだり、酔った人は一人も見られなかった。

夜が明けるや光州公園には、昨夜の地域防衛戦闘に参加した市民軍が、戒厳軍の完全撤収の知らせを聞いて集まってきた。これから市民軍がなすべきことは、自己の組織と兵力を統制し、戒厳軍の反撃に対応しながら市内の治安を維持することである。光州公園前の広場では、ここ数日間、血の闘いに生命をかけて闘った市民軍を再編成する作業が早朝から行なわれていた。金元甲（浪人生、二〇歳）を中心とした五、六人の青年が、そこに集まってくる車両に番号をつけて登録させ、任務を分担させていた。彼らは近所の花屋から白ペンキと筆を借りてきて、やってくる車両の前と後に番号を大きく書き込み、責任者である運転手の住民登録証を見て手帳に登録した。小型車両には、主に救護、連絡などの任務を与え、大型車両には、兵力と市民の輸送、補給、連絡の任務を受け持たせ、軍用ジープには指揮統制、巡察および状況把握と伝達、憲兵業務、そして軍用トラックには戦闘業務を担当させるようにした。彼らは、登録の終わった小型車両に市内を巡回させ、すべての車両は直ちに公園に来て登録をして任務を受け持つようにせよと知らせた。公園の周辺には、番号が書かれた各種車両が列をなして増えてゆき、彼らにはより具体的な活動範囲と任務が与えられた。

ここで登録された車両は、七八台であったが、一番から一〇番までは道庁から白雲洞まで、一一番から二〇番までは道庁から池元洞まで、二一番から三〇番までは西方から道庁まで、三一番から四〇番までは東雲洞から道庁まで、四一番から五〇番までは花亭洞から道庁までを分担させ、それ以外の小型車両は中間連絡、患者輸送などの任務を分担させ、運行地域と任務を正確に分けた。実際、二〇日以後に動員された車両は、ほとんど無統制、無秩序に運行された。戦闘用に徴発され、焼かれてしまった車両を除いても、この間余りに多くの車両が破損されるか投げ捨てられたし、無秩序な運転でエンジンが焼けてしまった車両も多かった。それぱかりか、市内の給油所の油類備蓄量がそれほど多くなかったので、何よりもまず車両統制が急がれる状況であった。また、光州公園の前では五〇〇余人の武装市民軍を臨時的にではあるが再編成し、各地域へすみやかに配置した。特に市内中心部の主なビルには、市民軍警備兵を適切に配置した。

戒厳軍は、戦車と装甲車を動員し、外部から光州市内に入る進入路として七つの地点を遮断、封鎖した。

市民軍もこれに対し、各地点に二〇〇余メートルの間隔を置いてバリケードを築き、戒厳軍と対峙した。市民軍は火に焼かれた車両とガードレール、原木、セメント、フラワーボックスなどで二重、三重のバリケードを築き、戒厳軍の市内進入への備えを急いだ。戒厳軍もまた市の周縁の野山を中心に潜み、市民軍が通過しようとすると射撃を加えた。また空挺隊員は、市の周辺に二、三人ずつでグループを組み、潜入工作にとりかかった。彼らは、孤立した市民軍を狙撃したり、民家に侵入して民間人を殺害しておきながら、市民軍が無秩序な暴徒に変わりつつあるとデマ宣伝を流し、市民と市民軍の間を離間させる工作を繰り広げた。

市民軍は、五日間も継続したデモと戦闘のため、みなが疲れ果てていたが、自分たちが強大な空挺特戦団を追い払い、光州市全域を掌握したという自負によって士気が高く、市民たちに不安感を与えるような行動を、お互いに慎しんだ。彼らは、洗面もできず陽に焼けたため顔が黒ずみ、食事も思うようにとれず、寝不足のため頬骨が腫れあがり、目はくぼんでいた。彼らのほとんどが歩兵特有の殺気をはらんでいた。彼らの大部分は、社会体制と政策過程の中でこれまで疎外されてきた基層民衆と少数の学生、または自分の身内が実際に被害を受けた人びとであった。

錦南路と道庁周辺に集まった多数の群衆は、道庁前の噴水台を中心に新聞紙やビラを敷いて座り、道庁内で指導部が結成され、何か満足し得る措置が発表されるのではないかと期待していた。道庁正門前では銃を持った市民軍が、出入りする人たちを厳しく取り締まっていた。だが民衆は、自分たちが血を流して闘いとった解放を主体的に持続させ、発展させていく能力を持ちあわせていなかった。民衆的要求の力を正しく政治的に理念化し、収斂していく方針を持った人は存在せず、また、いたとしても、それを実践し得る組織がなかった。抗争以前に維新独裁と闘い、民主化運動を主導してきた指導的な人士は、すでに五月一七日の夜に逮捕、拘禁されてしまったか、幸いにも連行を免れた人も大部分が、光州を脱け出て身を隠していた。数日後に抗争指導部を形成することになる実質的な指導部は、すでに昨日の誤った状況判断によって地下に潜るか、または個人的な参与にとどまっていた。全抗争期間を通じて一人で扇動、宣伝を担当した尹相元だけが印刷物グループを運営していたが、彼らの力量はまだ武装市民軍と光州市民を結集していくだけの組織を持ち得ない状況にあった。

朝早く道庁を接収した市民軍は、道庁を本部と定め、一階庶務課を作戦状況室に使用することにした。初め、道庁に進入した市民軍と周辺から集まってきた一般市民は、体系的な秩序を保つことができず混乱していた。時間が経つに従い仕事の順序と輪廓がはっきりしていった。状況室内には、戒厳軍が捨てていった銃器と防毒マスク、手榴弾、無線機、作戦地図などが散乱していたが、市民軍は直ちにそれらを整理、分類して使用した。学生は他の人たちとは違って、仕事の段取りをつけるのが早かった。彼らは、直ちに状況室の電話で外部とのすべての連絡体系を掌握し、隣りの事務室で進行中の市民収拾委員会作りのための会合を鋭く見守りながら、独自にいくつかの仕事を進めていった。まず、全国各地域から道庁にかかってくる電話を受理して光州の消息を知らせたし、またこちらから積極的に他の地方に電話をかけて、全南だけでなく全国に状況を伝えた。道庁の行政電話は、この日一〇時ごろから外部への通話が再び可能となった。

彼らは、道庁内に無秩序に散乱している手榴弾、小銃、防毒マスクなどを集めてキャビネット内に整理し、戒厳軍が持ち出せなかった無線機五台を操作、使用することにした。軍隊時代に通信兵であったという予備軍人に責任をもたせて、戒厳軍の退却状況と作戦展開内容を随時聴取、点検するようにし、周縁地域との無線連絡を担当させた。また女子高校生には、市民から届けられる死亡者名簿を発表させることにした。道庁庶務課内にあるスタジオの屋外放送を通じて、道庁前広場に集まってきた市民に死亡者の身元や経歴を発表した。他の宣伝グループは、市民と協力してマイクとスピーカーを整えて決起大会の準備に取り組んだ。彼らは、道庁正門の柱の上に上がり、死亡者の名簿と現在周縁地帯にいる戒厳軍の動向などを、状況室で把握した順に肉声で市民に報告した。

市民軍によって各地で逮捕された挙動不審者を臨時に設置した調査部に引き渡し、重要な事実が出てくれば直ちに状況室に知らさせるようにした。挙動不審者は、カメラを隠し持って市民軍の動向や人びとの顔を撮影して歩くか、ウォークトーキー、小型無線機を携帯した者たちであった。また巡察車両に配置された二人の学生が、各周縁地域を回りながら、戒厳軍の作戦変化があった時には、その地域住民が直ちに道庁状況室に報告できるように、電話番号と連絡方法を知らせた。その結果、周縁で戒厳軍と対峙している市民軍の防備状況を随時把握することができた。光州公園で車両の編成を終えた金元甲らが道庁状況室に戻り、それまで施行してきた車両編成の内容を臨時指揮本部に報告した。彼らは、戒厳軍が反撃してきたときに迅速に地域支援ができるよう、武装トラック二〇台を道庁前に待機させることにした。無線機を聴取していた通信班は、戒厳軍の撤収作戦が継続していることをつかんだ。戒厳軍は、主に無等山渓谷を通過し、脱出していくところであった。

午前一一時、状況室の電話のベルが鳴り、鶴雲洞チュンシム寺の入口付近に空挺隊が現われたという報告が入ってきた。これは、地域防衛を受けもっている市民軍から入ってきた報告であって、彼らは支援を要請していた。道庁前に待機中であった二〇余台の軍用車両に市民軍が乗り込み、緊急出動して鶴雲洞水晶アパートの後の山を捜索したが、空挺隊を発見できなかった。そのかわり、昨日の早朝に朝鮮大学の後の山に逃げていった空挺隊員一人を捕えていた地域防衛市民軍から捕虜を引き渡され、状況室に連れてきた。その空挺隊員は、真っ青になって震えていた。強そうな格好で突進し帯剣していたときの勇気は、すでに消え失せていた。捕虜は、空挺隊と戒厳軍の作戦についていろいろ新しい事実を告白した。

道庁庶務課状況室のちょうど隣りの事務室では、朝早くから丁時采副知事を中心にした光州市内の有識者が集まって、午前いっぱい会議を開いていた。彼らは、再び二階へと場所を移して戒厳司令部に要求する交渉条件を討論した。昼の一二時三〇分ごろ、牧師、神父、弁護士、官僚、企業主たちを中心とした一五人の委員で構成される「五・一八収拾対策委員会」(委員長・独立闘士、崔漢泳翁)が結成された。この収拾対策委員会は、午前いっぱいかかって政府当局に対する七項目の要求事項を決定した。

(1) 事態収拾前に軍を投入するな
(2) 連行者全員を釈放せよ
(3) 軍の過剰鎮圧を認めよ
(4) 事後の報復禁止
(5) 責任免除
(6) 死亡者への補償
(7) 以上の要求が貫徹されれば武装解除を行なう

午後一時三〇分ごろ、収拾委員のうち八人が尚武台の全南北戒厳分所を訪ね、軍側と交渉した。

この日、朝から道庁前に出ていた市民たちは、引き続き道庁の街頭放送に耳を傾け、自分たちの運命にかかわる重要な決定が発表されるのを待ち構えていた。彼らは、苛立ちもあらわに、次ぎ次ぎと死亡者の名簿と経歴が明らかにされ発表されるたびに、もしかして自分の息子の名前が出てくるのではないかと案じて、ときには大声で泣く声も聞かれた。まだ市民軍の車両は、続出する負傷者を病院へと運搬していたし、死亡者を急造した棺に入れ、噴水台前に運んでいった。救急車がサイレンを鳴らしながらやってきて噴水台前に棺を降ろすたびに市民は、先を争ってかけより死体を確認しようと努めた。彼らは、五〇余体の棺を並べてあるところにきてわっと慟哭した。棺の中から血塗れの死体が、少しはみだしているものもあった。棺が開けられると、中に安置されていた死体が悽惨な姿を現わした。首のない死体、顔が完全に潰れてしまったり、手と足が切り取られたり、内臓が破れ出てしまったり、火に焼けただれたり、余りに変わり果てた姿の死体が、広場に集まった市民たちを一斉に慟哭させることになった。ほとんどが顔が潰れて判別できぬ状態であり、棺は急造されたため、鉋がけさえされておらず、釘もいい加減に打ち込まれたものだった。

状況室から出てきた青年が正門の柱の上に上がり、肉声で死亡者の名簿を発表し、スローガンを斉唱して黙禱を捧げ、市民の悲痛な気持をまとめていった。だが余りにも群衆が多いため、このような進め方では統制がうまくとれず、後の方ではほとんど声が聞こえなかった。宣伝グループは、電気店から電線とスピーカー、アンプを取り寄せ、道庁から電気を引いて噴水台の上に拡声装置を取り付けた。

市民決起大会

午後になっても市民は帰ろうとせず、引き続き道庁前に集まっていた。この段階では、大衆意識の統一性を確保するために自発的な集会を通して問題点を取り出し、解決方法を探しだす全市民決起大会が必要であった。市民たちは、悲劇的事態の解決がどうあるべきかについての個人的な見解を持っていたが、それを統一的に収斂してくれる組織を持っていなかった。このような統一された意見と実践方法を組織的に示したときにのみ、彼らが闘い取った解放の持続的な発展が可能となる。それまでに自然発生的に噴出したのは、現在のような事態をつくりだした戒厳当局に対する個人的な怒りと悔しさに対する一種の意地であった。市民たちは、誰の統制や指示も受けず、思いのままに噴水台の上に上がり、空挺隊の蛮行を糾弾し、血肉の死を知らせ、訴えながら泣きもした。またある人は、悲しみのため喉をつまらせながらスローガンを叫んだ。「金大中を釈放せよ!」「拘束学生、市民を釈放せよ!」「〇〇〔全斗煥〕自爆せよ!」。またある人は、噴水台に上がってかなり体系的に現在の状況を説明しながら、これから先どう闘っていくべきかについて語った。一定の形式や制約もなしに成り立っている決起大会は、散漫さはまぬがれなかったが熱い真実が盛られていて、みんなの心を熱くさせた。彼らの怒りと状況に対する認識は、極めてはっきりしていて正しいものであったし、道庁内の収拾対策委員会の討論内容とは隔たりがあった。噴水台は、いまや一つの大きな共感の領域を確保していく過程にあった。弁士として立った人たちもさまざまだった。市場で商売しているというおかみさん、国民学校の教師、宗教家、主婦、青年、学生、高校生、農民など各階層の人たちで、彼らが吐き出した怒りの言葉は、民衆意識というはかり知れないエネルギーを形成していった。彼らは、抗争の過程を通して誰彼問わず共感の絆をしっかりと結び、状況を見る目と感情が一致していた。むろんこのような共感の絆は、時間が経ち運動が熾烈な現場を獲得できない状況へと押しやられると、所属集団意識を露出させ始めるのだが、この時はまだそのような分裂の兆候は出ていなかった。彼らは、みな生存権の守護という第一義的な原則に合意していたのである。

午後五時になってから収拾対策委員会では、戒厳分所訪問協議の結果について「交渉報告大会」を開催した。市民たちは、交渉の結果が果たしてどうであったのかと、首を長くして待っていた。この日の午前、新任の朴忠勲国務総理代行が光州を訪問することになっていた。市民たちは、自分たちの願望が政府当局によって受け入れられるだろう。もし国務総理が来てこの状況を見れば、彼も空挺部隊の蛮行を察することができるだろう——といった、素朴な期待に心をはずませていた。市民は、国務総理が光州市内に入ってくれば、まず第一に病院で死にそうになっている患者と死亡者の死体を見せなければならないと、待ち構えていた。だが、彼は光州の地には足を踏み入れず、尚武台で戒厳分所長の報告を聞き、次のような簡単なアピールを発表しただけであった。

多くの善良な市民の努力によって、光州事態は好転しつつある。市民は、極く少数の暴徒や不純分子の根拠のない流言蜚語に惑わされたり、付和雷同してはならない。

またこの日の夜、国務総理代行朴忠勲は、七時三〇分に全国に中継されたテレビとラジオ放送を通じてこう語った。

現在、光州市内は、軍の兵力も警察もいない治安不在の状態である。一部の不純分子が官公署を襲撃、放火、武器を奪い取って軍人に発砲したにもかかわらず、軍は政府の命令に従って市民に発砲せず、積もり積もった怒りが爆発寸前の状態にあるといえる。にもかかわらず光州事態は、市庁職員が事務をとっており、電気、水道が供給され、銀行の略奪などがなくて、好転しつつあると思われる。

道庁前の広場に集まっていた市民たちは、総理代行の妄言に一層興奮し、「中鉉碻よりも悪い奴。同じ穴のむじなだ。みな叩き殺さねばならない」と、怒っている真只中であったため、戒厳司令部との交渉が決して良い結果になるとは期待していなかった。

丁時釆副知事の司会で八人の収拾委員が順々に噴水台に上がり、交渉内容を報告しながら、自分たちの所信を述べた。戒厳分所長が、過剰鎮圧条項を個人的には認め、他の条項も上部と協議して聞き入れるといって時間を要求したと、彼らは報告した。収拾委員が流血防止と秩序維持を強調すると、市民はすべて共感するかのように拍手を送った。ところが、収拾委員中の維新治下（朴政権後半期）で国会議員に立候補したことのある張休東氏がとんでもない発言をした。「われわれがこんなやり方をしたのでは、結局、暴徒にしかならない。一刻も早く武器をみな戒厳司令部に返納し、市内の治安秩序の維持権を戒厳司令部に引き渡さなければならない」。この言葉を聞いて市民たちの中で動揺が起こるや、一青年が立ち上がって彼が持っていたマイクを奪い取った。

「張休東氏は、政治家として市民の立場を話しているのでなく、その反対の立場を代弁している。光州市民がこんなにも多く死んだのに、事態の収拾だけを論じてはならない。市民が納得できるような具体的な収拾方法がまず提示されるべきである」という彼の主張に市民たちは、熱烈な拍手を送った（この青年が、後に民衆抗争指導部の委員長を受け持つことになる金鍾培であった）。このとき周囲のビルに配置され、警戒勤務に入っていた市民軍のなかに収拾委員の発言に不満を持った人が、空砲を数発撃ってしまった。しばし市民が動揺している間に収拾委員たちは、噴水台から降りて姿を消してしまった。市民は、収拾委員をからかいだした。彼らは、再びスローガンを叫んだ。「屈辱的な交渉反対」「戒厳令を解除せよ」「〇〇〇（全斗煥）を処断せよ」

道庁指揮体系の混乱と分裂

しかし収拾対策委員会は、一方的に武器を回収することを決定し、道庁と公園から武器を返納せよと説得した。この過程で相当数の学生と市民の一部が銃器を返納しだし、「いまや収拾委員会が設置されたのだから、その指示に従って秩序ある行動をしよう」という名分をかかげた。しかし、労働者をはじめとする基層民衆たちは、全く返納しようとしなかった。このときから運動内部の分裂が現われ始め、団結していた力量が消耗する徴候を示し始めた。

この日、先に開かれた交渉報告大会で金昌吉（全南大学農業経済科三年生）らが、今回の事態は大学生が責任を負うべき事件であるため、われわれが立ち上がって事態の収拾を図るべきであると提案し、学生収拾委員会を作ることにした。大学生は、別に南都芸術会館前に全員集結したが、全南大学、朝鮮大学からそれぞれ五人ずつ、他の専門大学などから五人を選び、総計一五人で学生収拾委員会を作った。彼らは、教授である宋基淑、明魯勤氏とともに午後六時ごろに道庁一階の庶務課に入っていった。宋基淑教授の提案で委員長に金昌吉、総務にチョン・ヘミン（全南大商科四年生）、スポークスマンにヤン・ウォンシック（朝鮮大）、武器管理担当に許圭晶（朝鮮大）、副委員長兼葬儀担当に金鍾培(朝鮮大)、その他銃器回収班、車両統制班、修理補修班、秩序回復班、医療班などの部署を設けた。こうして収拾委員会は、先に設けられていた市民有志の一般収拾委員会と学生収拾委員会に分離され、一般収拾委員会は主として軍部側との交渉や市民の説得に重点を置き、学生収拾委員会は実質的な対民衆業務を受け持つことになった。

このとき成立した収拾委員会は、部署や組織構成から見ても限界がはっきりしていた。彼らは、民衆の爆発的でしかも必死の行動様式が何故このようなどえらい状況をつくりだすに至ったかを、理解することができなかった。民衆の内在的な欲求を満たすための政治的解決策を現状の下でいかにして見出すかについては、思いが至らなかった。収拾委員会に参加した個々人は、ただ純粋な良心と、尊い生命をこれ以上犠牲にすることはできないという素朴な正義感から、立ち上がったに過ぎなかった。したがって、道路の整理をするとか、各洞ごとに学生自治体を組織し、市民の不安を少なくするために学生が啓蒙して歩くとか、戒厳軍との交渉で最小限の線でも得られるなら武器を返納すべきだというのが、夜を徹して続けられた会議の結論であった。彼らは、正規の戒厳軍と組織されていない市民軍との闘いは不可能なことであり、これ以上の流血を避けるためには、一日も早く戒厳軍に銃器を返納することが最大の収拾策であると考えた。むろんこの点については初めから、金鍾培と許圭晶は意見を異にしていた。この日の夕方までに回収された銃器は三〇〇余丁であったが、これらは道庁の守衛室に無秩序に積み上げられていた。一方、学生収拾委員会の組織とその活動内容を見ていた青年運動圏の何人かは、引き続き自分たちが状況室だけを占めている状態から脱し、学生収拾委員会とは別途に、武装市民軍との直接的な統一性を確保するために努力していた。彼らは、学生収拾委員会には公式的に車両統制部署にだけ参加するとの方針を固め、状況室の向い側の事務室に場所を移し、夜通しで市民弘報用印刷物の草案を作成した。

尹相元らの青年たちは、収拾委員会が自分たちの思うように大衆を説得するだけの論理を持っていないとし、したがって彼らの戒厳軍との交渉は、無条件降服になるだけだと主張した。彼らは、早急に道庁内部に民衆的な指導部を結成しなければならないと、他の青年たちに力説した。

道庁状況室は、出入りする人が次第に増えて統制ができなくなり、戒厳軍側の情報要員や工作員が潜り込める可能性が高まった。特に、調査業務を担当した四〇代の男子二人は、スポーツ刈りの髪型や鋭い目付きからして、現任の捜査機関員であるか、そのような経歴の持主であるかの如き印象を与えた。彼らは、挙動不審のために市民軍に逮捕されてきた者を自分勝手に処理してしまった。また、状況室内で青年、学生らを徐々に抱き込もうとするかのように、人びとにとんでもない指示を与えては、混乱をつくりだし始めた。このような兆しをかぎとった学生数人は、下手に動くと彼らにスパイにされる可能性があるとみて、彼らを追い出す計画をたてた。学生の一人が〔状況室に〕飛び込んでいって急に大声で叫んだ。「みなさん、いまこの状況室にいる人たちは、戒厳軍がいつ反撃してくるかわからない条件のなかで、光州市民の安全のため最大の努力を尽くさなければなりません。ところがわれわれの内部がこのように混乱しているうえに、戒厳軍のスパイとみられる人まで潜りこんでいます」と言いながら、小銃に実弾を装塡し、もう一方の手には手榴弾をふりかざした。「これから状況室の出入りを厳しく統制するので、本当にここで仕事がある人だけ私たちが発行する証明書を持って出入りさせ、その他の人は一切出入りを許しません。もしこれに反したり、これが守られなければ、せっかく闘い取った勝利も水の泡になってしまいます。われわれは一刻も早く指導部を作らねばならないのに、こうした重要なところで混乱が起こってはならないので、われわれの統制に従って下さい。もしも私の指示に従えないという人は前に出て下さい。われわれはみな、死ぬ覚悟をしています。いますぐここから出て、必要な人だけを私たちが呼びますから、ある程度秩序が整ったら、他のことがらは、報告形式にして下さい」

こうした懇切丁寧な話にたいていの人は協力したが、やはり、かの調査を担当していた者は納得できないといわんばかりに居座わっていた。学生が手榴弾を彼の顎の下に持って行った。「では貴方にここで私と自爆できる自信がありますか？」というと、彼は仕方なしに状況室の外に出ていった。このときから任務が記された証明書が発給され、状況室には証明書所持者だけが出入りするようになった。また市民軍の中で状況室の統制警備を担当していた歩哨と、道庁正門の歩哨も、この取り決めに忠実に従った。だが、午後になると状況室はまた、前のように多くの人びとのために混みだし、統制がとれなくなった。いまや、強力な指導部が作られない限り、それ以上統制をとることも難かしくなった。午後三時ごろ、『ウォール・ストリート・ジャーナル』紙の外国人記者が二人、状況室を訪れ、被害状況などを調査し、状況室の責任者であった学生にインタビューを求めてきた。また四時ごろには、光州一高在京同窓会からの訪問があって、自分たちでできることがあれば手伝いたいが、何が必要かと尋ね、直ちに各病院の死亡者の把握作業にとりかかった。

早朝に公園で一部車両の編成が行なわれたが、まだ編成下に入っていない車両が無秩序に市内を疾走していた。抗争期間の間、宣伝グループの女傑であった全玉珠は、車ミヨンスックとともに、午前中も街頭放送をして回って少し休んでいた。そのとき、突然群衆の中から「あの女はスパイだ！」と叫びながら、身体の頑丈な四〇歳代の男数人が飛び出してきて、彼女らを連れていってしまった。他の市民たちはわけがわからず、ためらいながらただ見ているだけであった。多分、市民の中に潜んでいた情報要員の仕業であろうと推測される。彼女らは、そのまま直ちに戒厳当局へ引き渡され、初めはスパイ容疑で調べられたが、その後になって義侠心の強い善良な市民の一人であると、新聞に報道されたりした。

午後三時ごろ、医療班に配置されていた車が、赤十字マークと献血を呼びかけるプラカードをつけ、和順方面に向かい、銃撃を受けた。男女高校生と大学生、青年ら二〇余人が車に乗って池元洞ノリッチェ峠を通るとき、付近に隠れていた戒厳軍から集中射撃を浴び、一人を除く全員が殺されてしまった。ただ一人の生存者は、チュンテ女子高校の二年生で、その惨状現場から軍のヘリコプターで国軍統合病院に移送され、治療を受けた後尚武台戒厳軍法会議に回付されたため、法廷でこの事実が公開されたのである。この程度の惨事は、周縁では頻繁にみかけられる事件であった。幸いにも一人の生存者でもあった場合には明るみに出ることがあったが、全滅の場合には完全に葬り去られてしまうのが常であった。

午前中に全南大博物館後方の草むらで、大学生と高校生二人の死体が土の中に埋められたまま発見された。死体は各所で発見されたが、主として露天の井戸の中、アーケード商店街の地下、下水道、トイレの便器などに投げ捨てられていた。野山の草むらから発見された死体も多かったが、死体が埋められた近くには、他の死体も埋めようとしたが時間がなかったためか、何個も穴を掘ったままにしてあるところが多かった。このように偶然に発見された死体が三〇余体以上にもなった。郊外に住む市民は、一時、グループを編成して付近の野山に投げ捨てられていたり、埋められている死体を探すために歩き回った。この何日間の闘いで山水洞一帯では、戒厳軍が青年五人を射殺してトラックに放り投げると、上にいる者が白ペンキで身元がわからなくなるよう死亡者の顔に塗り込んだりした。彼らは、道庁の地下室や軍部隊に死体を移し、忙がしくなるとどこにでも、まず市民の目の届かないところに投げ捨てるか埋めたのである。道庁の地下室には市民軍が入っていったとき、すでに腐臭が充満していた。

この日の午後から全日ビル、郵便局、電信電話局などは、自らの防衛予備軍によって警備されだし、市民たちの間には、市民の公有財産でもある公共建築物には絶対に被害を与えてはならないという考えが広まっていた。公共建築物は、自らが防衛、警戒して、もしも誰かが器物を破損しようとすれば互いにそれを止めた。

周縁地帯の防衛は、主にその地域居住の青年予備軍によって行なわれた。二一日に補給された武器で武装した市民軍は、それぞれ地域単位の防衛態勢に入り、池元洞、鶴雲洞付近では、予備軍のムン・チャンウ(二七歳)を中心に二五人が鶴雲洞、チュンシム寺入口の「腹の空いた橋」付近の各建物に配置され、警戒に立っていた。彼らは、近くの野山を捜索して夜中に戒厳軍が近寄ってくると、防止射撃を加えた。そして射撃術、手榴弾投てき要領などの指導を実施し、戒厳軍を発見したときの信号方法を決め、五人ずつで一グループを作り、それを六グループに編成、配置して、抗争期間中引き続き防衛し、最後まで活動した。周縁地域の各地には、このように二、三〇人ずつで編成された市民軍が活動し、彼らは付近住民の協力によって食事を解決していた。

アメリカの鎮圧同意

二三日、ジョン・ウイッカム駐韓国連軍ならびに韓米連合司令部司令官は、その作戦指揮権下にある韓国軍を群衆鎮圧に使えるようにしてほしいという韓国政府の要請を受け、それに同意したと、トーマス・トス米国防省スポークスマンが明らかにした。トス・スポークスマンは「現在までのところ、北韓軍が韓国の現状況を利用しようとする動きや証拠は発見されていない」と付け加えた。

またアメリカ政府は、沖縄にあるE3A空中警戒統制機二七機とフィリピンのスピック湾に停泊中の航空母艦コーラルシーを韓国近海に緊急出動させることに決定した。北韓の南侵に対応、韓国の安全に関する措置を先行させた後、韓国の国内政治問題に関しても、アメリカ政府としての後続措置を講じるであろうと報道された（アメリカの航空母艦が釜山港に入港するという情報が広まるや、市民は「たぶんアメリカがわれわれを助けるためにやってきたようだ。われわれがこんなに虐殺されていることを知れば、（アメリカは）〇〇（全斗煥）一味を許しはしないだろう」と言いながら、米航空母艦の入港に大きな期待をかけていたのである）。

政府は新内閣を中心に光州事態対策委員会を設けたが、この日の国務会議では戒厳司令部から状況の報告を受け、事態の収拾は原則的に軍が行なうことに決めて部署別に官民救護対策をたてたりした。

民衆言論と宣伝グループ

一八日から二一日までは、宣伝グループが互いに連絡もせず三つの印刷物の制作作業をしていた。同作業は、学生、知識人、労働者によって行なわれた。全南大学『大学の声』発行チームが最初の印刷物を制作、配布し始め、光川洞『夜学の灯』が尹相元を中心とするチームによって発行され、文化チームの『クァンデ』

がパック・ヒョソンを中心に発行されていた。彼らは、尹相元の指導を受けて合流し、民衆言論を担当するという考えから『闘士会報』に統一し、編集方向と作業分担を定めた。尹相元は「いま市内にはすべての情報が切られている。市民に正しい行動指針を伝達できる新聞が必要である」と力説した。彼らは、工団労働者と大学生から構成された会報チーム一〇余人で車両任務規定、闘争対象を決めたスローガン、補給問題、死体運搬などに関する事項を内容にもりこみ、『闘士会報』を制作した。部署としては文案作成グループ（尹相元：戦死、ジョン・ヨンホ）、筆耕グループ（パック・ヨンジュン：戦死）、謄写グループ（キム・ソニリップ、ナ・ミョンブァン、ユン・スンホ）、物品補給グループ（キム・キョングック）などをおき、配布は主に労働者が受け持った。彼らは、三台の謄写機で夜を徹して謄写し、一日に五〜六〇〇〇部づつ発刊した。制作に必要な用紙は、忠壮路の紙屋の主人たちが直接提供してくれたし、配布には男子よりも戒厳軍の目を避けやすい女子工員が動員され、身体の中に隠して市内まで出かけて配布した。二五日からは二〇〇枚ずつ一束にして街頭に出て、通りかかる市民軍の車を利用して市内全域にまかれた。彼らは、五月二五日に民衆抗争指導部が組織されてからは、ＹＷＣＡに移り本格的な弘報活動を展開することになる。特にＹＷＣＡにあった手動輪転機は、それまで発行部数の制約をうけていた謄写機に比べて、一日に四万余枚も印刷することができた。

二一日から始まった『闘士会報』は、二五日に八号までを発刊し、次の九号からはタイトルを『民主市民会報』に変更、発刊した。最終号となった第一〇号は、まだ配布されないうちに戒厳軍に押収されてしまった。タイトルの変更は、それまで『闘士会報』が重点的に取り扱った闘争意欲の鼓吹や闘争方向の提示という次元から一歩踏み出し、抗争が長期化する中で、より体系的性格を持たせ、また内容においても闘争前衛よりも一般大衆により力点をおこうとしたことによるものであった。また、抗争の正当性を明らかにする論説形式に変えて、大衆に抗争の持続性を主張しようという考えからであった。抗争期間中に行なわれた民衆言論の創設と宣伝グループの運営は、民衆の声を反映しながら、市民の行動統一に大きく寄与した。制度言論さえも完全に遮断された状態下で、檄文やプラカード、街頭放送の持つ一時的な性格や部分的な弱点を、克服した活字としての持続性、論理性、周縁地域にまで普及することができた全面性等の長所を十分に生かした宣伝活動であった。『民主市民会報』は、媒体自体を闘争の武器に使用したという点で特筆に値しよう。

8 解放期間 II
（五月二三日金曜日 抗争第六日目）

継続される闘争

一晩中、周縁地帯では間歇的に銃声が聞こえた。戒厳軍は、周縁を完全に包囲したまま持続的な撹乱作戦を実施していた。夜になると戒厳軍は周縁の野山に隠れていて、市民軍の防衛陣地を奇襲するか、巡察しながら、周辺住民に不安感を与えるため市民軍に銃撃を加えてきた。二二日夜には、空挺隊員二人が市民軍に生け捕りにされた。彼らは私服に着替えて非武装のまま民家にやって来て、周縁を警戒していた市民軍の検問を受け、身につけていた認識票のため露見したものだ。彼らのポケットには証明手帳が入っていた。市民軍が夜が明けてから彼らを先立て野山に上がってみると、軍用背嚢二個とM16小銃二丁が隠されていた。彼らは、すぐに道庁本部に押送された。こんなことは、周縁の市民軍と戒厳軍の対峙地域でよく起こることであった。朝七時ごろ、錦湖高校付近では、空挺隊員三人が学生二人と老婆を殺害して逃走したが、政府はこの事件を市民軍の行為であると罪をなすりつけた。

午前一一時、光州税務署の地下室に死体があるという市民の申告によって市民軍四人が現場にかけつけ直接確認したが、死体は乳房と陰部をえぐられ、顔を帯剣で乱刺された女子高校生であった。学生証によって全南女子高校二年生らしいことがわかり、書かれていた住所へ死体を運び父母に確認させたところ、父母はその場で失神してしまった。火炎放射器で焼けこげた死体数体も発見された。

午後二時ごろ、白雲洞地域を守っていた市民軍は、武装ヘリコプターが上空から市内の動きを偵察しているのを発見し、集中的な対空射撃を加えて撃墜した。ヘリに乗っていた中佐一人と観測兵、操縦士の計三人が死亡した。

午前八時ごろには、潭陽方面に出かけていた市民軍が、刑務所を守備していた空挺隊員によって阻止され、銃撃戦が繰り広げられた。戒厳軍は、刑務所の屋上にガリバー50機関砲を設置して、市民軍に向けて発射したため、市民軍三人が死亡し、多数が負傷した。その後数回にわたって刑務所警備戒厳軍と市民軍の交戦があり、相当数の犠牲者が出た。市民軍は、二一日に車両を確保して、市外地域へと闘いを拡散し始めたとき、潭陽、谷城、順天、麗水方面に進出するため刑務所付近の高速道路を通過しようとしたが、戒厳軍が機関銃で攻撃してきたので多くの死傷者を出すに至った。憤激した市民軍は、車両に自動車のタイヤをいくつもつけて搭乗者を完全に隠し、運転と射撃だけできるようにして爆発物を載せ、四台の車両で突進した。しかし、戒厳軍の頑強な射撃に対し市民軍の火力が貧弱だったため接近が難しく、多くの死傷者を出しただけで退却せざるを得なかった。戒厳軍は、空挺隊員をヘリで輸送し、刑務所の周囲を幾重にもとり囲み、鉄壁のような守備陣を築いた。彼らは、付近に住む民間人であってもうろつけば容赦なく撃ちまくり、殺した死体は周囲の野山や刑務所付近の田畑の溝に埋めてしまったと、後日近隣の住民は証言している。

戒厳軍と市民軍の戦線が形成された市の周縁地域では、市内を脱け出て田舎に行こうとする人たちの行列が引き続き増えていった。半面、光州市内へ通学する息子や娘たちの生死を確認しようと、田舎から多くの父母が続々と入ってきていた。彼らは、戒厳軍と市民軍の対峙地域を避け、主として原っぱの小さな道や、光州周辺の野山を利用して入ってきた。戒厳軍は、彼らの中に少しでも挙動不審な人がいると容赦なく射撃した。特に戒厳軍は、光州市封鎖のための増員兵力が到着するにつれ、野山のあちこちに隠れ陣地をつくり巡察を強化した。青年たちが周辺を通過しようとすれば連行し、逃げればどこまでも追撃して射殺した。しかし生命がけの行列が次第に多くなり、ついには青年たちを除いては、さほどの困難もなく通過できるようになった。しかし市内に入ることは、誰であろうと徹底的に統制された。

道庁へ　道庁へ!

まだ市内では、解放感と勝利感に酔って雰囲気が高まっていた。通りの車両は午前中は自由に疾走していたが、午後からは次第に秩序立ったものになっていった。市民の間では武器回収問題が争点となり、さまざまな意見が交わされていた。市民は、洞ごとに集まって道庁へと行進していった。早朝六時から高校生七〇〇余人が市内のあちこちを清掃し、市民も自分たちの町や道路をきれいに掃き清めた。市場周辺の道路では、朝早くから主婦たちが道端に釜を持ちだして飯を炊き、徹夜の警戒勤務を終えた市民軍が車で市内に入ってくれば、どこにでも座わりこんで朝食をとることができた。食事の席では、前夜あちこちで起こった夜間戦闘に関する情報がやりとりされた。商店街もあちこちで店を開け始めた。

午前一〇時ごろ、道庁前広場は、市内の各方面から集まってきた市民たちで埋まり、その数は五万余人を上回ったが、引き続き人びとは列をなして道庁前広場へと集まった。各洞単位で数百、あるいは数千人が集結し、スローガンを書いたプラカードなどをかかげ、スローガンを叫び、歌をうたい、道庁へと向かうすべての市民を吸収しながら行進した。ちょうど、抗争前夜に学生たちが平和的な街頭デモをしたときの光景によく似ていた。道庁から遠く離れた近郊では、バスや自動車が動員され、各所を回って人びとをいっぱい積んで運んだ。道庁周辺の壁には、宣伝グループの美術チームが描いたいろいろなプラカードが掲げられていた。「民主市民万歳」、「殺人魔○○○(全斗煥)を裂き殺してしまえ」、「労働三権保障せよ」、「御用労組引きさがれ」、「非常戒厳解除せよ」、「維新残党引きさがれ」、「休校令撤廃」、「金大中を釈放せよ」、「農協官僚引きさがれ」、「死ぬまで闘おう」、「勝利の日まで」。赤色と黒色、青色のペンキで書かれた垂れ幕は、まるで喊声のようであった。また、南都芸術会館の壁面と忠壮路方向にあるYWCA付近の壁には、死亡者の名簿とともに無残に殺された死体と負傷者たち、そして病院でいま死につつある人たちの姿を写した白黒写真が数多く張りめぐらされていた。市民は周りに集まって写真を見て怒りの涙を流した。

道庁前広場の向かい側にある尚武館(柔道の道場)には多くの死体が木綿の布地で覆われて並べられており、棺が足りなくてまだ入棺されていない死体も数十体置かれていて、木綿地の上に赤黒い筆跡が鮮やかであった。民主英霊を安置した焼香台が入口に設けられて、香が焚かれ、死体は腐敗しないように防腐剤がまかれた。多くの市民が秩序整然と列をつくって焼香をした。彼らは、死亡者の遺体を見ながら涙を流した。

道庁では、朝から各家庭に戻らない行方不明者の名簿を受け付け、各病院の入院患者や死亡者の名簿と対照し確認していた。家族の生死を確認しようとする人びとの行列は、相当長く続いていた。だいたい主婦や老人が多く、彼らはみな泣くか、心配そうな表情をしていた。

道庁の正門には「収拾対策委員会」と書かれたたすきを肩にかけた青年たちが、一人一人の出入りをチェックし、道庁内に安置されている死亡者を確認するため、一人ずつ住民証と対照して中に入れ、直接案内して確認させた。大部分の死体は、すでに顔形をはっきり見分けることができなかった。銃傷を受けるか、棍棒でなぐられた死体は、頭や顔が目茶苦茶になっているか腐敗していた。足だけが棺の中に別に入れられていたり、首がほとんどちぎれて体と別になっている死体、顔は青黒く変色し目玉が飛びだした死体、その悲惨さは形容し難いほどであった。どうにかこらえながら一つ一つ死体を確認していた婦人と老人は、ハンカチで口を押さえて驚きの声を殺し、流れる涙とともに肉親探しを取り止め、その場に座りこんでしまう場合がほとんどであった。幸いに探しだすことができても、その凄惨な姿を見て棺にだきついて狂ったように号泣し、気絶してしまった婦人もいた。いったんここで家族が確認した死体は、尚武館に移して安置された。

葬儀担当の金鍾培は、棺の絶対量が足りなくなったため、収拾対策委員長が保証する確認書を持ち、代金後払いの条件で、市内の各所の葬儀屋を歩き回って一〇〇余個の棺を準備することにした。市内の棺が不足したため、行政当局の助けを得て外部から搬入することを要請し、二四日に道庁福祉局長から協力の応諾を得ることができた。

武器を差し出すべきか

一方、前夜学生収拾対策委員会が作られ、夜を徹して論議を尽くし、対民秩序、弘報、葬儀、武器回収問題などを討議した。だが、一般市民収拾対策委員会の委員はみな家に帰ってしまった。夜になったら戒厳軍が奇襲攻撃してくるのではないかという不安感が、抗争期間中継続していたため、有志らによる一般収拾対策委員会メンバーはほとんど毎日家に帰り、夜が明けると出てくるという有様であった。学生収拾対策委員会の内部では、他の諸問題については意見一致をみたが、武器回収問題では厳しい対立が示されていた。委員長の金昌吉ら数人は、血を流させないためには武器を回収し、無条件に返納しなければならないという意見であった。だが、副委員長の金鍾培、許圭晶らは、市民が納得できる最小限の要求条件が貫徹される状態下でのみ、返納されるべきであると主張して対立した。収拾委員会の内部がいがみあっている最中に、午前中だけで千丁以上もの銃器が回収されるという状態であった。彼らは会議でこの問題が妥結しなかったため、とりあえず回収された武器のうち一〇〇丁だけを戒厳司令部に持参し、先方の反応を確かめようとしたが、金昌吉はこの決定を無視して、まず二〇〇丁を持って戒厳司令部に出頭した。

収拾委員たちはこれに先立つ午前一〇時に、道知事室に集まり組織を改編した。一般収拾対策委員は、当初の一五人から一〇人に縮小し、これに全南大生一〇人、朝鮮大生一〇人を合わせた総員三〇人のものにし、委員長には尹恭熙大司教が推戴された。一般収拾委員としては、曺ビオ神父、シン・スンキュン牧師、パク・ヨンボン牧師、パク・ユンボン赤十字社全南支社長、独立闘士崔漢泳翁、李鍾基弁護士、張休東太平劇場社長、教師慎鏞淳氏らが依嘱された。午後一時、回収された銃器二〇〇余丁を持って張休東と金昌吉が戒厳司令部に返納した後に、連行されていた三四人を引き取ってきた。このため、収拾委員会内部では、無条件武器返納側と条件付返納側の葛藤が表面化し始めた。金昌吉ら大多数の者は、「戒厳司令部が実際に拘束されていた人たちを解放した。われわれが武器さえみな回収して返納すれば、われわれの要求が受け入れられるだろうが、そうではなくこのままで正規軍である戒厳軍との対決がこれ以上続けば、大変な流血となる。急いで武器を返納しなければならない」と主張した。これに対抗して金鍾培は「いまこの時点で無条件に武器を返納するのは、光州市民の血を売り渡す行為だ。何よりも、市民軍が返納しようとはしないだろう。市民を納得させるためには、少なくとも光州市民を暴徒だと主張する政府の態度に変化がなければならない。拘束されている学生と市民が釈放されねばならず、今回の事態による被害が正当に補償され、死亡者の葬儀が市民葬として行なわれねばならない」と主張した。だが、収拾委員会の全般的な雰囲気は、武器を回収して返納しようという方向に向かっており、有識者側では、このほかには対策があり得ないことを明らかにした。

収拾対策委員会とは別に道庁状況室を掌握して、入り込んでいた青年運動圏の若者数人は、市民軍の車両を統制して市民軍を組織化することに熱中していた。彼らは、光州市内が敵から完全に遮断されている現状では、早期に内部の秩序を打ち立て徹底的な防衛態勢に入らない限り、戒厳軍の攻撃の前に崩れ去ってしまうであろうことをよく知っていた。彼らは、市民軍を組織していくなかで、孤立した都市の不利な点を十分に認識し、まず持続的な防衛戦闘へともっていくためには、あらゆる戦闘装備の管理と実弾の確保、ガソリン類浪費の統制、市民軍の食糧確保、市民軍の組織体系樹立、対戦車防衛線の構築などが急がれねばならないと考えていた。

第一次民主守護全市民決起大会

持続的な抗争のためには、民衆の意思の統一が何よりも必要であったし、結集された民衆の意思を獲得することさえできれば、道庁の運動指導部は、自ら形成され得る筈であった。すなわち、指導部の性格が変わることもあり得ることを意味した。従って、運動の熱気を持続させるためには、決起大会の開催と、放送、民衆言論などの宣伝活動の、より体系的で組織的な遂行が必要であった。そのため青年運動圏の核心たちは、至急に市民決起大会を準備し、道庁前に集まってくる市民の意思をまとめて無条件の武器返納をやめさせねばならないと論議した。彼らは、収拾委員会の車両統制部署に入り、全車両は道庁に登録された後に任務を受けて活動するようにし、道庁前広場には非常事態に対応していつでも出動できる武装市民軍五分隊車両を四、五〇台に大幅に増やして編成した。戒厳軍側では、市民軍のバリケードから三〇〇余メートルほど離れた道路に戦車を配置しており、エンジンをかけたまま数十メートルずつ前進、後退しながら市民軍を威嚇し、時たま銃撃戦が行なわれることもあった。

しかし、道庁内の運動圏青年たちは少数に過ぎず、雰囲気は全く違った方向に進んでいた。この日午前から一階状況室の向かい側にある事務室では、調査部という紙切れを張りつけて、志願調査要員が仕事をしていた。彼らは、市民軍巡察隊が逮捕してきた挙動不審者、銃器をもって市民を理由なく威嚇していた者、物品を盗んだ者たちを尋問するといって、その部署を掌握していた。調査部の要員は、前日も運動圏青年たちと摩擦を起こしたが、多数の私服情報要員が調査要員の間に浸透していると思えるくらい、事務室内は殺伐としていた。彼らは堂々と組みをなし、捕えてきた人たちにリンチを加えたりした。後で判明したところによれば、道警察局職員は私服で秘密裏に勤務を始め、さらに戒厳軍側情報要員も市民の中に潜り込んでいた。軍の保安隊要員は上衣を黒色に統一し、群衆の中でも互いに識別できるようにしていた。調査部は、午後になって次第に勢力が強くなっていき、ついに夕方ごろには、状況室の重要業務まで管理し始めた。彼らは、状況室を警備していた学生、青年たちを挙動不審を理由に一人ずつ追い出し始めた。運動圏青年たちは、身辺の危険を感じてそれ以上居続けることができなくなり、一、二人だけ残してみな外へ出た。

市内の某所では、かなりの数の学生運動圏と社会青年、そして労働運動などの関係者が集まりをもった。彼らは、一八日からばらばらに散って数ヵ所のデモに参加し、個別に接触してきたが、二二日から市民軍が市内を掌握するや地下から出てきたのである。彼らは、収拾対策委員会が市民の意思とは反対の方向に進んでいるだけでなく、それまでに戒厳軍との戦闘によって得た市民の勝利を完全に放棄する投降主義的な姿勢をとっていることに苛立ちを感じていた。集まりに参加していた人たちは、今後彼らが市民決起大会を引き続き主導していくことと、弘報班を組織し直接対民衆宣伝活動をしていくことを決定した。宣伝グループは、国税庁前の原っぱでいろいろなスローガンを書いたプラカードをつくり、道庁周辺の壁にたてかけた。市民には、死んだ民主英霊に弔意を現わす意味をこめたリボンをつくり、胸につけるよう配った。

午前一一時、道庁前の広場には一〇万を遙るかに上回る人波が結集していた。市民は、道庁収拾委員会が何らかの措置を講じ、納得のいく決定を知らせてくれること、自分たちの意見を十分に表明できることを願っていた。しかし道庁収拾対策委員会は、いまだに意見統一ができず、討議は難航していた。収拾委員会は、これほど多数の市民が念願している抗争の結実を、政治的民主化の次元へと収斂していく力を持っていなかった。事実、大部分の収拾委員たちは、大衆が集会を開くことを嫌っていたし、彼らは、一〇余万の人波が集まっているのに意見を発表することもできず、放置したままであった。

この日の大衆集会は、午後三時から開かれることになっていたが、多数の人びとが道庁前広場に押し寄せたので、市民たちは自ら拡声器を噴水台の前に設置し、決起大会を開く気配をみせた。これを見た青年たちは、急いで決起大会を主導し始めた。一一時三〇分に決起大会の準備が完了し、人波は一五万人ほどにふくれあがった。第一次民主守護全市民決起大会は、文化・宣伝グループの進行に従って、まず光州民衆民主抗争期間中に生命を亡くした民主英霊に対する黙禱と愛国歌の斉唱から始められた。続いて市民たちの中から労働者、農民、市民、学生、教師、主婦など各階層の人びとが順次噴水台の上に上がり、身分を明らかにしたうえ、現在の事態に対する意見や心情について訴えた。彼らはみな、最後まで闘い、自分たちが戦取した民主解放を守護しなければならないと主張した。

決起大会では、その間の市民、学生たちの被害状況が報告された。全南大・朝鮮大病院、基督・赤十字病院などを合わせて、家族によって身元が確認された死体三〇余体を含め、未確認者ならびに死亡者六〇〇余人、負傷者三〇〇〇余人、この他に空挺隊に運び去られた死体や行方不明者は把握することができないと報告された。葬儀を準備するための即席の募金運動が行なわれ、一〇〇万ウォン以上が収拾対策委員会に渡された。募金運動は、道庁前広場だけでなく、各地域、商店街でも「負傷者のための愛の募金箱」形式で行なわれたが、市民は一〇〇ウォン銅貨から千ウォン紙幣まで、懐中のものをそっくり差し出していた。このようにして集められた金は八万ウォン、二〇万ウォンあるいは五〇万ウォンに達し、直ちに道庁の指揮部に送られた。

決起大会は、収拾委員会の伝達事項、明日開かれる民主守護全市民決起大会の案内を行ない、全員が「民主主義万歳」を三唱して幕を閉じた。大会が終わっても彼らはその場から立ち去ろうとせず、引き続き歌い、高校生一〇余人は死んだ学友の死体がおさめられた棺の上に大型の太極旗を覆って柩をかついで「われらの願いは統一」を歌った。周囲の市民たちもそれを一緒に歌い、泣いた。

市民が散り散りに立ち去ろうとしたとき、ヘリが市内全域に戒厳司令部のビラをまいた。ビラには「警告文」という赤文字がみられ、今回の騒擾は、固定スパイ、不純分子、無頼漢の所業であり、銃器と弾薬、爆発物を奪取した暴徒の悪行はひどくなるばかりなので戒厳当局は直ちに掃蕩するという、戒厳司令官の厳しい布告文がしたためられていた。

ビラを読んだ市民は、それを破り棄ててしまった上、さらに足でぐちゃぐちゃに踏みつけた。「われわれみながスパイで、不純分子だというのか」。怒りにうち震えた声があちこちで噴き出した。

決起大会と弘報部の性格

決起大会が、戒厳軍が道庁から完全に退却した翌日の二二日から、道庁前広場に集まった群衆によって自発的に開かれ始めたのは、先に述べたとおりである。二三日からは、宣伝グループの積極的介入によって組織的な準備がなされ、民衆の要求と民主化をめざす闘争の熱気を収斂させ始めた。二四日には、決起大会を通じて表面に現われた民主化闘争の熱望を代弁できる実質的な抗争指導部を結成するため、大学生たちをYWCAに集結させて組織化し、その兵力で道庁の要所を警備、掌握し始めた。二五日には、道庁収拾委員会側の露骨な決起大会妨害工作と、彼らの投降主義的姿勢を非難しながら退陣を要求した。大会場では、市民軍代表の「われわれは何故銃をとらざるを得なかったのか」をはじめとする各種の声明書が朗読され、多くの人が演壇にかけあがって民主主義と統一に対する熱望について叫び、訴えた。二六日には、道庁内に青年と学生を中心とする民衆民主抗争指導部が結成された。

戒厳当局は、抗争が長期化して市民軍が体系的に戦闘体制を整えていく兆しをみせるや、直接攻撃の威嚇を行なった。それを知った市民が朝から道庁前広場になだれをうって集まった。彼らは、再び決起大会を開催し、戒厳軍と政府当局の蛮行を糾弾して、現政権の退陣と民主人士を中心とする救国内閣の樹立を促した。午後には、戒厳軍が今晩にも奇襲してくるかも知れないという雰囲気の中で、学生と予備軍を中心とした最後の決戦のための決死隊を募集した。

以上のような日誌をみると、「民主守護全市民決起大会」は、光州民衆抗争期間中の民衆解放の数日間、全市民の闘争意志を結集し、それを具体化する抗争指導部を、誕生させるに至ったことを示している。決起大会は、生存権と民主守護のための広範な合意形成を可能とさせる唯一の、そして効果的な直接民主制実現の場となった。青年、学生らは比較的たやすく持続的な闘争隊列に参加し、一般市民と基層民衆は個人的な意気込みから武装闘争に参加したが、一定の方向性を持った組織的な行動をとることができなかった。これは、彼らの要求が特定の指導的メンバーによって歪曲される危険性を強めた。このため、大衆集会を通じて行動の連帯性と統一性を確保することが、切実な課題として提起されたのである。

決起大会の主導勢力は、ずっと闘争に参加してきた青年中心の民主化運動関係者などであった。彼らは、「緑豆書店」と「現代文化研究所」の夜学・文化・民主青協の会員たちであった。特に文化サークル「クァンデ」は、美術文化サークル「光州自由美協」の会員とともに解放期間の宣伝、扇動を受け持って活動した。「クァンデ」は、七八年「民衆文化研究所」の開設とともに出発し、教育指標事件の際の学園内主導勢力となり、マダン劇と現場寸劇を通して労働者、農民の生産地闘争への助力者となってきた。

「咸平いも」や「豚ごろし」などは、現場劇として広く知られている。彼らは、抗争の初期には印刷物づくりや配布活動に、そしてその後には闘争意欲を広範な市民の間にかき立てるための宣伝活動に力を注いだ。決起大会の企画と進行を受け持ったのは、彼ら宣伝チームであった（抗争期間中に大部分の運動関係者が事前に連行されるか、危険を避けて身を隠し光州市内に残留することができなかったにもかかわらず、直ちに組織的な行動に着手できたのは比較的運動の第二線ともいえる「夜学の灯」チームや「クァンデ」チームが組織としてしっかりしていたからだ。夜学は、引き続き授業中であったし、劇団は文化研究所の小劇場創設記念演劇を練習中であった）。

決起大会は、次のように進められた。第一に、市民の自発的な情報提供と弘報要員の目撃談に基づき光州市民の被害状況を発表したが、迫力が弱いとの評価が下された。市民は、あちこちでそれを遥かに上回るひどい光景を目撃していたからだ。第二に、機・資材の確保は、弘報部の最も困難な課題の一つであった。スピーカーやアンプの準備がなかったし、準備があっても経験不足や性能が不良のためひどい目にあい、後には機・資材専門班を編成することにした。第三に、弁士がややもすれば学生に偏り過ぎる傾向があったので、市民の中から話したいと思う人を積極的に探し出し、意見を発表させるようにした。だが、市民たちは、何らの準備もなく噴水台にとび上がって即興的に激烈なスローガンを叫ぶだけといったケースがしばしばであった。

そのため弘報部は、企画を変えて光州民衆民主抗争の意義や目的、今後解決しなければならぬ、さまざまな根本的な問題を浮き彫りにすることに焦点を合わせ、市民各階各層の代表弁士を事前に受け付け、発表させるようにした。決起大会は、弁士の演説だけでなく、詩の朗読、歌、火刑式、状況寸劇など、多彩な内容を持ち、群衆を啓発していった。

臨戦の道、投降の道

二三日夕方の決起大会が終わり、市民たちが帰ってしまってから、市民軍だけが市内の要所と周縁地域を防衛し、夜を過ごした。道庁を除く市内の全域に消灯が実施されているため全市が真っ暗であったし、近郊では時どき銃声が聞こえてきた。決起大会を終えた宣伝グループと運動圏青年たちは、ＹＷＣＡ素心堂に集まって自己評価のための会議を開いた。市民の反応は極めて肯定的であったが、もう少し体系的かつ組織的に対応しなければならない点が指摘され、もっと責任ある分担をしなければならないとの結論になった。また、道庁状況室で把握された状況の全般的な問題点が指摘された。現在、収拾対策委員会としてはこの状況を打開することは不可能との結論に達し、孤立している光州民衆民主抗争を窮極的な勝利へと導いていくためには、至急に他地域との連帯を確保しなければならないということと、市民軍のしっかりした組織と予備軍動員の問題が議論された。そして、現在市内に備蓄されている食糧、ガソリン類、電気、水道などについての専門的な防衛策が講究されねばならないとされた。早急に葬式を行なわなければ死体がみな腐敗してしまうのに、市民葬さえ行なえない道庁の現行政力を刷新するためには、何よりも強力な指導部が必要であるということについて意見が一致した。

この夜、一般収拾対策委員らはみな自宅に帰ってしまい、学生収拾委員だけが残っていたのであるが、彼らはなおも意見の対立を示していた。学生収拾委員長である金昌吉が、和順炭鉱に勤めている火薬専門家という人間を道庁に連れてきた。彼は、市民軍が道庁地下室に保管中のダイナマイトの雷管をすべて取り除いてしまった。この人物は、金昌吉を利用して潜入してきた戒厳軍の工作スパイだったのである。

戒厳司令部は、公式に光州地域一帯に投入された戒厳軍の行動に関して、次のように発表した。

市民が次第にデモ群衆に合流して乱暴になり始めたため、戒厳軍兵力を増員、主要施設の警備を強化する一方、乱動デモ者は連行、調査した。群衆デモが過熱したので戒厳軍は周縁地帯へ撤収し、刑務所など主要施設を警備しながら、乱動者が銃撃を加えてきても発砲を控え、ビラなどを活用した宣撫活動を行なってきた。

この日回収された武器はカービン小銃、ピストル、M16小銃など約二五〇〇丁で、武器の返納はその数だけの武装力の損失を意味するものであり、それは、銃器総数五四〇〇余丁から、約五〇%の武力減少を意味した。また、対戦車武器または戒厳軍の突撃進入を阻止できる重要な武器であるダイナマイトが、投降派指導者と戒厳軍スパイによって雷管がはずされ、無用の長物と化してしまったことも問題であった。道庁収拾委員たちは、学生収拾委員とともに武器回収に力を注ぎ、二三日朝には七個方面の周縁防衛地域を見て回り、飲料水と食料品を分け与えながら、武器を返納するよう説得した。

具竜相光州市長は、「八〇万光州市民に訴えます」というアピールを通じて、「不幸な摩擦によって人命がこれ以上犠牲になってはなりません。全市民が知恵を出し合って、収拾策を講じましょう」と訴えた。

グライスチン駐韓米大使は二三日、ロッテ・ホテルで共和党、維政会、新民党の所属議員八人と会い、昼食をともにした。韓国側議員らは、米国が安保の側面から韓国を援助してくれることに対して感謝し、自分たちの時局観と光州事態について深刻に語った。グライスチン大使は、カーター政府は最近の韓国の事態をイランやアフガニスタンよりも遙かに重視しており、韓国防衛に対するアメリカ政府の断固たる決意を、某種のルートを通じて北朝鮮側に伝達したことを明らかにした。

9　解放期間　Ⅲ
（五月二四日土曜日　抗争第七日目）

第二次民主守護全市民決起大会

戒厳司令部は、朝八時に再開されたKBSラジオ放送を通じて、「銃器を所持した者は二四日の午前中に国軍統合病院、その他の警察署に武器を返納すれば責任を問わない」という発表を流した。市民は、次第に不安になってきていた。光州市内にもう一度殺戮の旋風が吹きまくるのか。政府側は事後にどのような形で責任をとろうとするのか。ソウルをはじめ他の地域は光州の孤独な抗争に背を向けたまま終わるのか。遂に抗争は敗北によって終わるのではないのか、という考えが彼らの間に広がりつつあった。周縁地域で警戒勤務中の市民軍の間にも、不安感が渦巻いていた。特に多数の武器が回収され兵力が減ってしまった局面で、自分たちだけが武装していては戒厳軍が急襲してきた場合一体防ぎ止めることができるのだろうか。もし押し込まれれば自分たちは全滅をまぬがれないし、たとえ生き残ったとしても、光州市内では暮らすことができず、山の中へ逃げ込まねばならなくなるのではないかという類の対話が彼らの間で深刻に広まっていった。しかし、まだ武装している市民軍は、まず死んだ人たちの生命の代価だけでも、いかなる方法であろうと補償されねばならないと主張する人たちであった。勝利の有無について心配する人たちは、すでにこの日武器を返納済みだったのである。

二四日からは、それまでの勝利と解放感に陶酔していた熱狂的な興奮状態が静まり始め、市民の間では闘争への士気が冷めつつあった。

道庁前広場周辺の壁には、いろいろな宣伝スローガンが書かれたプラカード、写真、大字報などが張りだされていた。その中には収拾委員会の投降主義的な姿勢を猛烈に非難する文章も見られ、光州市民決起大会の写真が載っている日本の『毎日新聞』も張られていた。各国の外国人記者たちの取材は、日毎に活発に行なわれていた。市民は、国内紙記者の取材に対しては不快感を持っていたが、外国人記者には寛大であった。国内紙記者はいくら熱心に取材しても報道されないばかりか、かえって内容を歪曲し、市民を暴徒に仕立てあげた記事ばかりが載せられた。市民は、官制言論の国内紙記者を軽蔑し、その半面、外国の新聞は事実を報じているから外国人記者には協力しなければならないという雰囲気であった。国内紙記者の道庁出入りは厳しく統制されたが、外国人記者の取材範囲は遙かに自由に開放されていた。

収拾対策委員会は、この日午前に戒厳司令部側との交渉内容の八項目を印刷して市内に配布した。その内容は、戒厳軍が市内に一人もいないということと、過剰鎮圧を認めて連行者九二七人のうち、七九人を除くすべての人びとを釈放したこと、補償計画の樹立と治療対策の完備、事実報道に努力すること、暴徒や不純分子という用語の使用禁止、非武装民間人の市外通行、事態収拾後の報復禁止約束などについての交渉が成立したというものであったが、これは直ちに大多数市民の反発を引き起こした。

収拾委員会の妥協的態度に対する彼らの不満は、午後から始まった決起大会で露骨な形で爆発した。前日に続いて、午後二時三〇分に第二次民主守護全市民決起大会が道庁前で一〇万余の群衆が集まって開催された。尚武館の周囲には多くの香が焚かれており、死体の腐った臭いが通りにみちみちていた。中に入って少したてば鼻血が噴き出すくらいであった。しかし、市民の焼香は絶えることがなかった。噴水台の周辺では宣伝弘報部がスピーカーとマイク設置のために苦労していたが、道庁内の収拾対策委員会は、何一つ協力しなかったし、決起大会に対しても冷淡な反応を示した。青年や学生たちは車に乗って市内の各学校や電機店をかけ回り、アンプ施設を確保するのに苦労した。戒厳軍の工作グループがスピーカー施設を破壊し、残りのものはほとんど持ち去ったのであった。また彼らは、市内の各学校にあるスクールバスを市民軍が使用できないよう、すべてのタイヤの空気を抜いてしまった。
広報部がやっとのことでスピーカーを準備したと思ったら、今度は収拾対策委員会側の妨害が始まった。彼らは前日まで道庁から引いて使っていた電気をしきりに切断し、道庁内のアンプ施設をどうしても使用できないようにしてしまった。収拾委員会側の妨害に怒った青年たちは、戦闘警察のガス車両内に入り、車内にかけてあったマイクを使って道庁収拾対策委員会を激しく非難し始めた。

いま道庁内では、収拾対策委員会が大多数の市民の意思とは反対に戒厳当局と野合し、無条件的な妥協を試みています。われわれは、彼らの陰謀を阻止せねばなりません。われわれみなが血を流した代価を補償するよう強く求めましょう。

噴水台の下に集まった群衆は、拍手喝采と喊声によって支持を表明した。市民は、彼らの妨害に気づいて直接電子技術者を探し出し、車両のバッテリーを取りはずしてアンプ装置を整えた。昨日と同じように、多数の市民が噴水台の上に上がり、責任者の処罰と血の補償を叫び、熱弁をふるった。特にこの場では、道庁内にいる収拾対策委員会の投降主義的態度について公然たる非難が噴き出した。市民の収拾委員会に対する不信と怒りは、収拾委員会を解体させてしまわねばならないという主張となって拡がっていった。市民は、収拾対策委員会に向かって戒厳司令部との交渉内容を詳しく明らかにすることを強力に要求し、収拾委員会側では二、三時間後になってやっと市民たちの苛立ちに勝てず八項目の協商内容を李鍾基弁護士が発表した。市民たちは、自分たちの根本的な要求とは違っているとして四方から揶揄した。

大会の途中に突然にわか雨が降り出したため、群衆が散り散りになった。人びとは傘をさしたり、雨を避けようと建物の軒下に殺倒した。司会者が、「この雨は恨みを抱いて死んだ民主英霊が眼を閉じられずに流している涙です」と言うや、暫くの間混乱していた群衆は、みな傘をたたみ再び粛然とした雰囲気にたちかえった。激しく降りそそぐ雨にそのままうたれながら大会は続けられた。大会の中頃に弘報部で準備しておいたわら人形が到着した。「全国の民主市民に捧げる文」が、血を吐くかのように、重々しく朗読されるや群衆は、わら人形めがけて石を投げつけ、「早く燃やしてしまえ。何をもたもたしているんだ、早く殺してしまえ」といってその足を蹴った。わら人形の足先に火がつけられ、瞬時にして全身が燃え上がるや、市民たちは熱狂的に歓呼の声を上げた。断髪の女子高生がプリント刷りの「民主詩」を泣きじゃくりながら朗読するや、各句節ごとに市民がついて読み上げた。アメリカのNBC放送記者が決起大会の情況をビデオで最後まで撮影した。

午後から降り出した雨のため、市の周縁で戒厳軍と対峙中の市民軍の相当数が、防衛地域を離れてしまった。彼らに激励となるような情報は全くなく、道庁収拾対策委員会では継続して武器を返納せよとそそのかしているところに、雨まで降ったために雰囲気までも物悲しい気分になった。市民軍は一人、二人ずつ防衛地域を離脱し、翌日は、兵力が非常に減ってしまった。この日の午後、臨時に再開されたKBSテレビは、道庁前に集まった群衆を引き続き暴徒だと決めつけていた。

抗争指導部の芽

豪雨の中で続けられた決起大会は午後六時ごろにすべて終わり、大会を主導した青年、学生、労働者二五人はYWCAに集まり、自己評価と組織強化のための会合をもった。彼らは抗争の前半期に民衆言論を創出して、グループごとに武装抗争の先頭に参加し、解放期間（二二日～二七日まで）には最初から道庁内に入って指揮権を掌握するために決起大会を進めてきたのであった。金英哲、尹相元らは外で個別的に活動する青年、学生とのルートを維持していた。さる二一日市内の某所で緊迫した状況下の地下集会で、闘争の方向が決定しないまま論議が断絶してしまったことは、先にふれた通りである。この集会に参加した鄭祥竜（七一年、教練反対デモを主導、当時B企業に勤務）、李樑賢（学生運動のため全南大中退、その後労働運動に従事）たちは、夜中に田舎の故郷に身を避けていたが、二二日午後に光州からなだれこんできた避難民から、噂を聞いた。光州は、戒厳軍が完全に退却し、抗争指導部がなく、民主化運動人士がみな逃げ出した状態の下で学生たちだけが収拾のために立ち上がっているという消息を伝え聞き、鄭祥竜、李樑賢は、自分たちの判断が誤まっていたことを悟った。二人は、歩いて光州に潜入し、やっと二三日午後三時になって集合場所に到着した。地下にいた青年たちと、すでに決起大会と道庁などで浮上し始めた青年三〇余人は、全般的な状況判断や役割について話し合った。

①在野の民主人士に連絡し、抗争過程に積極的に参加させる。②市民を最大限動員し、決起大会を積極的に推進する。そしてここに必要な放送施設を確保し、印刷物、プラカード、リボンなどをつくる。③道庁内の収拾対策委員会の投降主義的路線に直接介入し、闘争路線へと変えていく。そのためには、道庁内の一部闘争指導派と合流し兵力を次第に交代させる。

このような三項目の運動方針を定めて、この日午後七時に道庁内部に足場を固めていた尹相元の案内で鄭祥竜、金英哲、チョン・ヘヂックらが、道庁の正門をさしたる困難もなく通過し、武器回収問題をめぐって甲論乙駁している学生収拾対策委員会の会議に参加した。彼らは、学生収拾委員会の投降主義的な立場を非難し、武器回収に反対した。すると収拾委員の中の一人が小銃をふり回しながら「この人たちは怪しい。スパイかも知れない」と叫んだ。こんな状態では到底、自分たちが収拾対策委員会に参加し、方向を変えさせることは不可能であると考えた運動圏青年たちは、道庁から脱けだした。当時道庁内ではすでに戒厳軍側の工作要員や道警の警察情報要員らが調査部を牛耳っていた。そのため、戒厳当局に少しでも不利な発言や行動をする場合には、身辺の危険を覚悟しなければならない状況であった。二二日に、最初に道庁に入って状況室を掌握していた運動圏青年、学生たちも、この日の夜、これ以上耐えられないほどの身の危険を感じたため、一人、二人と脱け出したのであった。

道庁収拾対策委員会側では、青年、学生たちが決起大会による世論の圧力で方向を転換したためあわてだした。あらゆる妨害にもかかわらず、二四日の決起大会に一〇万以上の群衆が参加して、収拾委員会の交渉を猛烈に非難するや、学生収拾委員長である金昌吉とチャン・セキュン牧師は、すでに戒厳司令部と武器回収および自主収拾についての事前約束ができているので、市民を興奮させる決起大会を取り止めるよう、鄭祥竜らに要求してきた。鄭祥竜は、これを断固として拒絶した。「現状況下であなたたちが提示している戒厳司令部との交渉は、市民が願っていないものだ。われわれは決起大会の継続によって市民の支持度を評価することができるし、また政府側との交渉を有利な方向へ持っていくことができる。もしもあなたたちに、市民のこのような要求を解決する自信がないのならば、この場から出ていくべきだ」。収拾委員会の要求を一蹴した青年たちは、彼らを追い出す準備機構を編成した。企画担当に尹相元、金英哲、李樑賢、弘報、集会担当に朴ヒョソン、金テジョン、決起大会の費用および印刷製作費用は松柏会のチョン・ユア、李ヘンジャらが担当することにした。また彼らは、夕方の七時三〇分ごろに市内の湖南洞にある某所で集会をもった。尹相元、金英哲、李樑賢、鄭祥竜、朴ヒョソンらは、他の学生、青年たちがYWCAで論議した事項を具体化することにした。

第一、弘報、宣伝は朴ヒョソン、金テジョンが担当する。第二、企画および文案作成などは尹相元、金英哲、李樑賢、尹キヒョンらが担当する。第三、在野民主人士を道庁指導部に参加させるため決起大会に出席させ、その連絡は鄭祥竜、鄭ヘヂックが担当する。

それから彼らは、当面しているいくつかの緊急問題を討議した。決起大会場で朗読できるよう政府、国民、軍部、ソウル、慶尚道、光州市民などの各階各層に送る文を作成し、全国的な連帯を訴える。赤十字社を通じて全国的な献血運動を繰り広げ、光州がいまどの程度の流血事態にあるかを知らせ、死亡者と行方不明者の処理問題を依頼する。赤十字社と緊密に協力し、食糧供給と生活必需品の補給などを受ける。

青年たちはまた、大学生を完全に組織化し、その勢力を基盤として道庁に進入し、指導部を作る計画を樹て、翌日からYWCAに大学生を集結させることにした。

学生収拾対策委員会の分裂

一方、この日道庁収拾対策委員会は午後一時ごろ、道庁状況室において委員長である金昌吉の司会で学生収拾対策委員会を開いたが、金鍾培、許圭晶が次のような強硬な主張を行なった。

第一、今回の光州事態について、一部不純分子と暴徒の乱動であると報道しているが、現在の光州抗争は全市民の意志によるものだ。暴徒と規定した点を解明、謝罪せよ。第二、今回の事態によって死亡した人たちの葬儀を市民葬にせよ。第三、五・一八事態によって拘束された学生、市民の全員を釈放せよ。第四、今回の事態による被害補償を全市民が納得できる範囲内で施行せよ。

このような四項目の戒厳当局への要求事項を決議し、それを午後三時に道庁状況室で金鍾培が学生収拾対策委員会名儀で発表した。その場にはチャン・セキュン牧師、李鍾基弁護士、崔漢泳翁、丁時采副知事らがいた。しかし要求事項に対する意見は、出されなかった。この間、外で進行中の決起大会では、収拾委員会の投降主義的な立場を猛烈に非難していた。

道庁状況室と決起大会主導勢力および青年運動圏を連結させていた尹相元は、学生収拾委員会内で強硬派と穏健派の意見対立が鋭くなっているのを嗅ぎとっていた。彼は、強硬な立場の金鍾培に接近し、自分の身分を打明けた。彼は、私もあなたの考えに同感であり、大多数市民の考えもそうだ。あなたの意見を貫徹させようとするならば組織された力が必要だが、それを欲するのなら大学生数百人を動員できると述べた。金鍾培も同感し、それが可能ならば学生を動員してほしいと依頼した。

夜九時、道庁状況室では再び学生収拾対策委員会が開かれた。武器返納問題をめぐる強硬派と穏健派の対立は続いた。金昌吉が述べた。「もしもわれわれが武器を自ら進んで返納しないならば、武力で鎮圧すると戒厳軍が公式に言っている。戒厳軍が市内に入ってくれば、光州市民は皆殺しにされ、血の海となるだろう。一刻も早く武器を返納しよう」。金鍾培も激怒した声で言った。「われわれの要求事項が何も貫徹されない状態で武器を返納するというのは、市民の血を売り渡す行為であるから、武器返納は不可能だ」。意見が交わされ、大部分の学生が武器返納に同意するや、朴南宣は椅子を投げつけながら、「こんな形であくまで武器を返納しようと主張するならば、道庁を爆破して自爆する」と、頑強に居直った。

会議は、真夜中を過ぎても続けられた。二五日午前一時頃にはチョン・ヘミン、ヤン・ウォンシックら学生収拾対策委員の中の一部が、意見衝突のため組織から離脱した。会議は、余りにも大規模な事態を学生たちだけの責任で収拾するのは力に余ることだと判断し、黄クムソン、朴南宣、金ファソンら一般人も含め、学生対策委員会の機構編成を行なった。

委員長金昌吉。副委員長兼総務およびスポークスマン黄クムソン。副委員長兼葬儀担当およびスポークスマン金鍾培。状況室長朴南宣。警備担当金ファソン。企画室長金ジョンピル。武器担当カン・ギョンソップ。弘報部長許圭晶。

何故闘わねばならないか

一方、より一層堅固な抗争指導部を準備していた青年たちは、会議が終わった後に強硬派と穏健派の主張や立場を整理し、自分たちの闘争路線をまとめあげるため、穏健派の若者たちと三時間余の論争を繰り広げた（便宜上、抗争指導部準備委員会側を〝抗〟、収拾対策委員会側を〝収〟とする）。

抗　現在の状況をどう考えるか。

収　いかなる名分によってもこれ以上血を流してはならないと考える。

抗　血を流してはならないという点では同感だ。だが、今の状態で武器を返納し、降伏すればどのような結果となるだろうか。

収　一応、戒厳軍を信用してみるほかないのではないか。政府当局ともいろいろ事後処理問題を協議してみるといっている。

抗　戒厳軍を知らないから言える言葉だ。では一昨日までの戒厳軍の残酷な虐殺は、われわれに何の罪があってそうなったと思うのか。今の時点で戒厳軍は誰なのか。われわれの主張、血を流して死んでいった人たちが力の限り叫んだ要求は、ひとつも貫徹されていないのに、ここで降伏しようというのか。これは、闘争過程で死んだ闘士たちを売り渡してしまうことだ。もしもわれわれがここで降伏するとしても、彼らがさらに多くの光州市民を虐殺する可能性がある。闘う武器も、人も、名分も失ってしまい、彼らにもっぱら虐殺と鎮圧の名分を与えてやろうというのか。

収　われわれも自分たちの主張が貫徹されたとは思っていない。しかしこれ以上血を流してはならない。今後闘いがさらに継続されれば勝算があるとでもいうのか。勝てる可能性があるんだったら私も引き続き闘いたい。

抗　勝利の意味にはいろいろある。まず、死んだ闘士たちは誰よりもそのことをよく知っていた。それならよい。勝利を確信したいのか。今でもわれわれが心を合わせて闘うならば、勝利は十分に可能だ。その根拠は、次の通りである。第一に、全世界の世論がみなわれわれに集中している。ソウルから来た人たちの伝言によれば、世界の世論は現政府を非難しており、さらにはアメリカの世論も光州市民の側にたっている。わが国の民主化がアメリカの利益と一致すると考えているため、彼らも韓国軍部の強硬姿勢を快くは思っていない。第二、現在の崔圭夏過渡政権は進退両難に陥っている。国内ではわれわれを中心とする民主勢力が攻撃しており、軍の内部ではわれわれの闘争に同調し、機会をうかがっている動きもある。周知のように、第三一師団もそうではないか。他の軍部隊でも、われわれの抗争が伝わるようになれば動揺が生じ始めるだろう。最小限、われわれを虐殺した者たちの執権は、阻止されねばならない。第三、外国が経済的関係を断絶しようとしている。わが国の経済構造は極めて脆弱で、外国との貿易が断絶し、韓国に来ている外国人バイヤーらが退去すれば、政府としてもそれ以上居直ることができなくなる。経済が悪化すれば労働者もじっとしていないだろう。舎北事態〔一九八〇年四月の江原道舎北、東原炭鉱労働者のスト〕のようなことが起こるだろう。

第四、もしも現状で戒厳軍をしばっておき、われわれが今後一週間だけさらに頑張るならば、全羅南道だけでなく全国の各地域へと波及するだろう。今は国民がわれわれの状況について具体的な知識を持たないために黙っているか、真相が伝われば黙ってはいないだろう。もしも他の都市で光州と同じような闘争が始まったと仮定してみよ。まだ執権基盤のない彼らは、一挙に崩れ去ってしまうだろう。第五、もしもこのような状況が繰り広げられればアメリカとしては、これ以上韓国軍部を放置できないだろう。なぜなら、韓半島はアメリカの太平洋戦略における死活的地域だ。アメリカは、太平洋を放棄できないように韓半島を放棄できないし、北韓の脅威を無視することができないために、むしろ現政権と政治軍部を除去し、民主化勢力を支持するはずだ。第六、もしも以上のすべてがうまくいかなくても、われわれが時間を引き延ばせば延ばすだけ有利である。なぜなら、現在の執権勢力は過去の朴正煕のように、今後自分たちが主体となって執政しようと思っているのだから、彼らにいささかでも政治常識があれば、これ以上多くの人は殺せないだろう。それゆえにわれわれは、この点を利用して政府当局との交渉で現在よりは遙かに多くのものを獲得することができるし、われわれの要求事項を貫徹し得るだろう。今武器を返納し、降伏してしまえば、われわれは犠牲以外に何も得るものがない。今われわれが為すべきことは、武器の返納ではなく、まず、市民を組織化し、戒厳軍が攻撃して来れないように完璧な防衛態勢を作りあげることだ。

論争が行なわれている最中に、全日ビルの警戒を担当しているという四〇歳代の男が警戒強化のためにもっと多くの実弾と小銃を供給してほしいと要請してきた。抗争指導部の青年側がそれを拒否し、それよりも市民軍何人かを増員しようと提案すると、彼はあわてて外へ出ていってしまった。論争とこのようなちょっとしたエピソードは、道庁内の雰囲気が次第に変わりつつあることを示すものであった。

10 解放期間 Ⅳ

（五月二五日日曜日　抗争第八日目）

毒針事件

二五日午前八時、張ケボム（二一歳、黄金洞付近の酒屋経営）という人が道庁の農林局長室に倒れるような格好であたふたとかけこんできて、肩を強く押えながら「毒針をさされた！」と叫んだ。警備にたっていた市民軍の一人であるシン・マンシック（防衛兵）がその肩をみようと傍へいくと張ケボムは、「お前じゃだめだ。チョンさんにおねがいします」といって、傍に立っていたチョン・ハンギュ（三三歳、運転士）を指差した。チョン・ハンギュは、上衣を脱がして傷口を口で何回も吸いとる仕草をしてから、彼を脇にかかえ待機していた車で全南大病院へと急いで運んでいった。

道庁内の雰囲気は一挙に殺伐となった。そうでなくとも収拾委員会の葛藤と対峙状況が長期化しそうな兆候をみせ、沈滞しつつあった道庁内は、指揮体系が瓦壊しそうになっていた。あちこちでスパイが潜りこんでいるという噂が流れ、みながひそひそ話をするなど、不安感がみなぎり、これ以上は耐えられないと、相当数の人びとが脱け出ていった。

スパイが潜りこんだといって騒動を起こした者のほとんどは、戒厳軍側の情報要員たちであった。むろんこの事件は、事前に計画された潜入情報要員による道庁指導部撹乱作戦であった。副委員長である金鍾培は、道庁内の市民軍の動揺をおさえ、当時巡察隊員であった尹ソックチュ、李在鎬、李ジェチュンら六人にこの事件を再確認するよう指示した。彼らが全南大病院に到着したとき張ケボムはすでに逃げ去り、まだ逃げきれなかったチョン・ハンギュが逃げようとして捕えられ、道庁の調査部にひきたてられてきた。チョン・ハンギュは、二三日午後にある女性と道庁内で会い、その女性を通じて引き続き外部との連絡をとり、市民軍の無線器で道庁内から、状況の動きを戒厳軍に報告していたスパイであることが明らかとなった。

市民たちの誇り

解放期間第四日目のことであった。いまや市民はある程度秩序を回復しつつあった。市場と商店が戸を開け始めたし、周縁地域から耕耘機で運ばれてきた野菜が市内に供給されていた。孤児院と社会福祉団体に対する食糧の配給は、市役所職員の支援のもとにいささかの困難もなく解放されていた。スーパーマーケットや日用雑貨店では、買う側や売る方もともに買い溜めを防ごうと努めた。煙草も一箱ずつしか売らなかった。病院では抗争期間の初めの何日かは多数の負傷者が押しかけたため血が足りずに大変な目にあったが、このことが知れわたると献血しようとする市民が殺到し、どの血液院にも血液が残るほどになった。電気や水道、市内電話は一日も中断せず、異常なく供給され、稼動した。銀行や信用金庫のような金融機関に対する事故はただの一度も発生しなかった。市民軍による市民への暴力事件は皆無で、政府の統制下にあったふだんのときよりも犯罪率ははるかに低かった。些細であっても犯罪を犯した者は、道庁で待機中の市民軍巡察隊によって直ちに逮捕され、道庁調査部に引き渡された。行政・治安官庁が完全に撤収したなかで、市民が示した驚くべきほどの道徳心と自律性は、血で闘いとった自由と解放を守ろうとする誇りから生まれたものである。外国人記者たちは、秩序整然とした光州市民の生活を目撃して、驚きの目をみはった。

周縁防衛に立ち上がった市民軍は、昨日よりはその数が減ったが、まだ四、五〇人程度が警戒勤務についていた。付近に在住の市民の中にいた予備軍は、闘いが長くなることに対応して自分たちの組織を編成し始めた。彼らは、予備軍の服装に着替えて小隊長、分隊長などの職務を分担し、命令体系を樹立し、それまで学生や青少年が所持していた武器を引き取り、自ら進んで武装していった。

しかし、道庁の収拾対策委員中の投降派の武器回収努力は執拗に繰り広げられていた。彼らは、周縁防衛市民軍を説得して武器を回収する仕事を続け、この日からは周縁地域に居座わった。だが市民軍は、それ以上武器を返納しようとしなかった。至るところで収拾委員と市民軍との間に言い争いが起こったが、市民軍が銃口を向けて頑強に主張したため、結局収拾委員も断念するほかなかった。

在野民主人士の集い

この日から青年、学生の活動は、活発に展開され始めた。昨夜編成された暫定的指導部の役割分担の下で彼らは、夜を徹してそれまでの状況を分析し、さまざまな計画を準備した。夜が明けるや道庁前に押し寄せてきた市民たちに、夜を徹して作業した『民主市民会報』を配り、各種の大字報や壁新聞を市内全地域の掲示板に貼った。そして、全南大学のスクールバスに拡声器を取り付け、路地路地を走り回りながら、すべての大学生はＹＷＣＡに集まること、高校生は南都芸術会館に集まるよう、街頭放送で知らせた。日一日と遅らされてきた市民合同葬儀に怒りを抑えかねていた遺族たちは、個別的に葬儀をし始めた。暑い日のため死体は日毎に腐敗していくため、家族は、柩輿《ひつぎこし》や霊柩車もなしに白い喪服を着て、布で覆われた棺で運んでいった。慟哭の声が道庁前の広場を覆い、狂ったように泣きじゃくる家族の姿は、見る人の胸をえぐった。指導部を準備していた青年たちは、平素自分たちと民主化運動をともに闘ってきた光州市内の在野民主人士に連絡し、午前一〇時からYWCAで現状についての彼らの意見を求めるための会合を開いた。在野人士は、さまざまな立場に分かれていたが、事態収拾のための会合を持つことには、異存がなかった。集まりは、YWCA二階の総務室で開かれた。洪南淳（弁護士）、李基洪（弁護士）、李ソンハク（長老、制憲国会議員）、宋基淑（教授）、明魯勤（教授）、張トウソク（新協医師）、尹永奎（長老）、曺亜羅（YWCA会長）、李エシン（YWCA総務）、朴ソワクム（教師）、尹グァンヂャン（教師）等の在野民主人士と、青年代表の鄭祥竜、尹相元らが参席した。明魯勤教授が道庁収拾対策委員会で採択、決議した七項目を説明し、市民がこれ以上犠牲にならぬようにするためには、まず武器を回収しなければならないと主張した（これは、先の収拾対策委員らのそれとは異なり、何の罪もない人びとの犠牲を心から憂慮しての発言であり、多分に家族的な地域運動圏特有の性格を反映したものでもあった）。青年側は、むろん反対であった。「道庁収拾委員会が交渉条件として武器を無条件返納させようとしているが、それでは事態を収拾することはできないと思います。市民の決起大会すら避け、市民の意思を無視したまま交渉しようとしているが、われわれ青年は、それは正しくないと思い、決起大会を引き続き推進して有利な条件を闘いとる作戦をたてました。どうか、後押しして参加して下さい」

彼らはこの機会を通じて、あれほどまでに待ち望んでいた民主化を一歩でも推進せねばならないとして、武器回収を拒否し、闘いは自分たちが遂行するから大人は新しい道庁収拾対策委員会に合流し、青年を支援してほしいと訴えた。李ソンハク長老（逃避中に死亡）、尹永奎長老と何人かの人たちも青年の立場を支持し、残りの人は反対、あるいは模様眺めの態度を示した。青年たちは、民主人士が決起大会に参加して声明書を発表してくれるように要請したが、拒絶された。会議終了後、午後二時に南洞聖堂で金成鏞神父、曺ビオ神父、宋基淑教授らの民主人士数人が集まり、在野人士の道庁収拾対策委員会への参加問題を検討した。彼らは、市民の支持を得ていない道庁の一般収拾対策委員会に合流すべきか、別途の組織を作るべきかについて論議したが、結論に達しなかった。そこで、一応二人を道庁に派遣して状況を把握した後に、既存の収拾対策委員会に合流しようとの結論を出した。彼らは、午後五時に道庁に入り、一般収拾対策委員会に合流した。在野人士たちは、道庁副知事室で会議を続開したが、そこで金成鏞神父が事態収拾のために提案した四項目を満場一致で通過させ「崔夏大統領閣下へのアピール」を採択した。採択された四項目は、①今回の事態は政府の誤ちであることを認め、②謝罪し許しを請うこと、③すべての被害は政府が補償すること、④いかなる報復措置もとらないこと等であった。金成鏞神父をスポークスマンとする二五人の光州事態収拾対策委員会がそれに署名した。(彼らの要求と道庁一般収拾委員会との違いは、政府が誤りを認め謝罪することと、被害の補償を要求している点だった)。

道庁状況室の掌握

この日の早暁、学生収拾対策委員会は委員長金昌吉らによってほとんど一方的に武器の回収を決定した。市民軍から銃器を回収して道庁の中に集結させた後、全員道庁から脱け出そうというものであった。副委員長の金鍾培がそれを強く制止していたが、ここで、当時道庁内で武装隊への指導力を発揮していた朴南宣が状況室長として登場するに至った。朴南宣は、二三日から赤十字病院から車で死体を道庁に運搬し、遺族にそれを確認させる仕事などをしていたが、その活動が著しく目立ち、献身的だったので金鍾培が頼んで状況室長を引き受けさせたのであった。彼は、熱情に富み大胆で、何時間もたたないのに道庁内の市民軍をほとんど完璧に指揮、統制した。彼は、状況室長に任命されるとすぐ午前一〇時ごろにYWCAから補充された大学生兵力一〇余人を道庁正門の警備勤務に交替、配置するとともに、武器庫、弾薬庫などを巡回、警備兵に警戒を強化するよう指示しながら、市民軍の全般的な軍事的業務を掌握していった。また彼は、ひょっとして戒厳軍のスパイが強硬派のリーダー格である金鍾培を暗殺しようとするかもしれないとの考えから、金鍾培保護のための警護兵二人をつけた。それほど、道庁内の強硬派と穏健派の対立は先鋭化していた。

尹相元は、朴南宣に現在の状況を全般的に説明しつつ、この段階で武器は絶対に回収すべきではなく、なるべく早い時期に市民軍を再組織し、防衛態勢を完璧なものにしなければならないと述べた。朴南宣も強く共感し、行動を共にすることに同意した。尹相元は、現在の学生収拾対策委員会の投降主義的態度を批判して、現指導部を大学生を中心とした運動圏青年にとってかわらせる計画であるから、積極的に協力してほしいと彼に頼んだ。さらに彼は、市民軍の内部で武力衝突が起こらないよう事前に徹底的に市民軍を掌握し、準備しておくよう依頼した。また彼は、金鍾培と許圭晶に、YWCAで大学生兵力が組織されているから、午後の決起大会が終わった後に本格的に運動圏青年たちとともに新しい執行部を構成するよう提案した。そして二人がそのときまで、武器回収についての学生収拾委員会の動きに強くブレーキをかけておくよう頼んだ。

弘報部の街頭放送を聞いた大学生たちが、YWCAへと集まってきた。抗争臨時指導部は、それまでの状況を説明し、一〇人ずつでグループを編成し、五〇余人を先ず道庁内に送りこんだ。学生たちは道庁に入っていき、指導部の指示を受けて再びいくつかのグループに分かれた。彼らは、学生警備隊の任務として道庁内部の行政処理、死亡者の受付け、死体確認の案内、焼香所の整理などの仕事を受け持った。彼らは、抗争指導部による道庁内実権の掌握を手助けするために、最初に送りこまれた大学生兵力であった。

第三次民主守護全市民決起大会

午後三時から決起大会が開催された。市民の参加者数が前日より著しく減った。五万余の市民が各洞ごとにプラカードなどをかついで集まってきた。前日よりその数はかなり減ったが、より組織的であり、熱気は同じであった。大会では、いろいろな声明書が朗読され、「光州市民の決議」も採択された。また、この日付けで受け付けられた市民の被害状況が報告された。道庁本部の集計によれば、現在、市内の各病院で生死の境をさまよっている重傷患者が五二〇人、軽傷者が二一七〇人、死亡者は病院の霊安室に安置されているか、尚武館、道庁の前庭に集められていたが、身元が判明した死体が一六九体、顔形がわからなくて身元確認の不可能な死体四〇余体、工事中の忠壮路地下商店街から集団で発見された死体二三体などであり、このほかにも非常に多くの死体が戒厳軍によってどこかへ運びだされ、現在までに申告された行方不明者は二千人をはるかに上回っていると報告された。

大会の進行中に周縁地域からやってきた住民たちは、大学生が周縁地域の各洞にまで一、二人ずつ派遣されてきて、自分たちの要望を処理してくれればありがたいと発言した。彼らは、周辺地域の独立部落や戒厳軍と前線を形成している地域の実情を洗いざらいぶちまけた。彼らは、戒厳軍が住民たちに与えている被害と脅しのために大多数の人が市内の親戚の家へ避難していったと述べ、先に出ていった人たちの生死がどうなっているかと案じた。

抗争指導部の誕生

午後七時ごろ、道庁殖産局長室で、尹相元の案内で入ってきた鄭祥竜、李樑賢、金英哲、チョン・ヂック、朴ヒョソンと学生収拾委員会副委員長の金鍾培、許圭晶らが参席するなかで会議が開かれた。彼らは、現在の学生収拾対策委員会を駆逐して新たに執行部を結成し、闘争的な姿勢で臨むことを検討した。彼らは道庁に入ってくるとき、ＹＷＣＡで組織された大学生三〇余人を一緒に連れてきて、殖産局長室横の会議室に待機させておいた。しばらくしてから収拾委員長である金昌吉が会議場に入ってきて大声で叫んだ。「一体全体あなたたちはどうしようというのだ。今後、光州市を血の海にするつもりなのか」

暫くの間激烈な論争が繰り広げられたが、結局、金昌吉は自分の主張がこれ以上聞き入れられないことを知ると、夜九時になって辞意を表明した。ところがすでに七時のKBSテレビは、光州の道庁を強硬派が掌握したというニュースを流していた。

一方YWCAには、この日の午後決起大会が終わった後に、一〇〇人以上の大学生が集まった。入口では学生以外を出入りさせなかったし、必ず学生証か住民登録証を確めてから中に入れた。彼らは、これまでの闘争に持続的に参与してきた何人かの青年、学生から、現在の諸般の状況と任務についての説明を聞いた。学生の立場は少し微妙であった。幼い青少年が武器を勝手気儘に使ったり、武装勢力の大部分を占めている人びとが社会の最下層で生活してきたルンペン階層の青年たちであったため、過激になり、市民の安全を損なうことになるかも知れぬという懸念から、一般市民の学生に対する信頼は大きかった。とはいえ、抗争指導部が学生に比べて一般市民軍からの信頼が低かったというのではない。ただ、組織・統制の面では学生の方が掌握しやすかった。一方、武装中の市民軍は、学生に対してある程度の不信感をもっていた。彼らは、事態を触発したはずの学生が、闘争が熾烈化した段階では大部分が隊列から離脱してしまったばかりか、学生収拾委員会側が何の対策もなしに武器を回収していることを不快に思っていた。

抗争指導部としては、統制のよくとれる大学生を武装させ、道庁の防衛と市内の治安維持に市民軍とともに当たらせれば、統制がはるかに容易であると考えていた。指導部にとっては、市民軍と学生間の和合は重要な問題であったので、この点を学生と市民に認識させることに務めた。学生たちは直ちにグループ編成にとりかかり、一グループに一〇人ずつ配置し、グループ責任者にはそれまでの状況進展をよく知っている青年が任命された。グループの編成をしている間、高校生が集めて送ってきたパンと飲料水、あずきのお粥が夕食として差し入れられた。グループ編成と食事を終えてから学生兵力は、グループ別に訓練を実施した。そして道庁で指導部の結成が行なわれる間、彼らはYWCAで待機し、銃器の使用法と分解法、戦闘中に必要な基本的な事項についての教育を受けた。彼らのうち一〇余人は、軍隊生活の経験をもっている復学生であったが、残りの大部分は教練の時間に銃をさわったことがある程度に過ぎなかった。

YWCAには五〇余人の女性もいたが、女子高校生と学生運動側の女子大生、女子工員、そして抗争指導部を手伝いながら女性がしなければならない雑多な仕事を探しだして指導した女性指導部の松柏会（現代文化研究所傘下の女性団体、運動圏青年と在野人士の夫人、そして中・高校の教師たちによって構成され、教育指標事件以後に結成された）会員たちがいた。彼女たちのうち女子工員は、湖南電機やその他最近労働組合活動が活発であったところに勤務しながら社会教育を受けたJOC（カトリック労働青年会）の会員がほとんどであった。女性たちは、主に道庁市民軍のごはんを炊く仕事、道庁内の状況室、放送室など指導部の秘書の役割と、重要な連絡、大字報の制作のような仕事を受け持ち、ときには決起大会場で宣伝グループとして飛び回りもした。また一部の人は、二五日に抗争指導部が誕生してから看護隊を編成した。

道庁内から収拾委員長の金昌吉が退いてから、この間彼とともに仕事をしていた学生収拾委員の大部分も脱けていった。

ついに、最後まで闘争することを決意した光州民衆民主抗争指導部が、五月二五日の夜に発足した。彼らは、夜一〇時に道庁内務局長付属室において抗争指導部を組織した。

委員長　金鍾培（一九五四年生まれ、二五歳、前学生収拾委員会副委員長、朝鮮大貿易学科三年生）総括的な業務を管轄

内務担当副委員長　許圭晶（一九五三年生まれ、二六歳、朝鮮大二年生）道庁の内部問題、対民、葬儀問題を管轄

外務担当副委員長　鄭祥竜（一九五〇年生まれ、三〇歳、宝城企業営業部長、全南大法科卒）一般収拾委員とともに戒厳司令部との交渉を管轄

スポークスマン　尹相元（一九五一年生まれ、二九歳、全南大政治外交学科卒、信協会職員、夜学の灯代表）記者会見および執行部のあらゆる対外公式的な発表を担当

状況室長　朴南宣（一九五四年生まれ、二六歳、骨材車両運転手）市民軍の軍事業務担当

企画室長　金英哲（一九四八年生まれ、三二歳、YWCA神協理事、光川洞貧民運動）指導部の諸般の業務および企画を担当

企画委員　李樑賢（一九五〇年生まれ、三〇歳、労働運動、全南大史学科卒）企画業務を担当

企画委員　尹カンオック（一九五一年生まれ、二八歳、全南大史学科四年生、民青学連事件に関連）企画業務担当

広報部長　朴ヒョソン（教師、全南大国文科卒、文化集団「クアンデ」会長）決起大会ならびに諸般の弘報業務担当

民願室長　チョン・ヂック（一九五一年生まれ、二九歳、教師、興士団アカデミー学生会長歴任）諸般の対民業務、葬儀担当

調査部長　金ジュボン（一九五九年生まれ、二一歳、高麗セメント会社員、市民軍として蜂起の初めから参加）治安秩序違反者の調査担当

補給部長　具ソンジュ（二五歳）食糧調達ならびに食事供給担当

上記のような組織を構成した後、過渡的な引き継ぎ作業が終われば名称をこれまでの「学生収拾対策委員会」から「民主闘争委員会」に改称し、鄭祥竜が闘争委員長職を受け持つことに、暫定的な合意をみた。彼らは、組織作りを終えた後でYWCAで待機していた学生兵力七〇余人を駆け足で引率し、道庁内で待機していた室に連れてゆき、先に道庁三階の会議室で待機していた三〇人と合流させた。尹相元は、決定されたばかりの抗争指導部と、今後の闘争方向について説明した。在野人士を

含む一般収拾対策委員会の委員である金成鏞神父が、学生たちに直接激励のことばを述べた。続いて、学生兵力を道庁の周囲を警備している一般市民軍と交代させ、道庁内の武装警備隊を大学生にかえる予定であることが発表された。何人かの幹部が出てきて、より詳しい事項を周知させ、暫くしてから彼らに実弾一五発入りの弾倉一クリップとカービン小銃が支給され、一部は夜間警戒グループに配置された。

指導部の活動計画

道庁の炊事部が収拾委員会の解体とともに出ていってしまったため、YWCAに待機中の松柏会会員たちは、女子工員を中心に三グループからなる炊事部を編成し、夜一一時に食堂の引き継ぎを終えた。抗争指導部は長期化しそうな闘争に対応して、総合的に光州市の現況を検討し、対策を整えるための会議を夜を徹して行なった。まず、抗争指導部の結成が余りにも遅かったと思われた。すでに多くの武器が回収されてしまい、いますぐにも戒厳軍が押し寄せて来た場合、手の打ちようもないので、急いで武器を再配分しなければならなかった。周縁の警備を強化するため各洞ごとに予備軍の動員令を下し、自衛隊を編成する計画をたてた。事実すでに池元洞、鶴雲洞、農城洞、良洞などの各地域では相当数の予備軍が自分の防衛任務を遂行していたし、決起大会中でも予備軍組織を動員しようという提案が終始なされていた。また、道庁武器倉庫にあるダイナマイトを最大限利用しようという計画も検討された。もしも戒厳軍が総攻撃してくるなら、ダイナマイトを爆破させてしまうという威嚇的な交渉条件を戒厳当局に提示することによって、戒厳軍の攻撃を遅らせようという計画であった（武器庫に入っているダイナマイトは和順炭鉱から鉱夫たちが提供してくれたもので、光州市の約半分を爆破させるだけの威力があるといわれていた。しかし金昌吉と内通していた戒厳軍の工作要員がすでにそのダイナマイトの雷管を取りはずしていた事実に抗争指導部は全く気付いていなかった）。また、合同葬儀をそれまでの「市民葬」から「道民葬」へと変えることを交渉案として確定した。

対峙状況が長期化するのに対応して、全市民の日常生活を正常化させるためのさまざまな事項も検討された。
①市内バスを正常運行する。
②公務員および警察を非武装で勤務させ、日常業務を正常化する。
③商店街および市場を開き商取引きを行なうよう市民を説得する。
④各洞ごとに被害状況を集計する。
⑤食糧供給に支障がないよう市庁の備蓄米を供給する。
⑥全日放送と『全南毎日』、『全南日報』などの言論機関を稼働させる。
⑦ガソリンなどの使用を徹底的に統制する。
⑧市外電話を開通する。
⑨市内の治安維持および有事に対応して既存の巡察隊を再編、強化し、機動打撃隊を運用する。
上記のような大綱の市民生活正常化方案を作った後、闘争意志を明白に表明し、民主化についての熱望を広く伝えるために、外国人記者との公式インタビューを行なうことにした。

この夜、崔圭夏大統領は尚武台の全南北戒厳分所を訪問し、蘇俊烈戒厳分所長と張炯泰全南道知事から状況についての報告を受けた後、夜九時、一〇時、一〇時三〇分の三回にわたってKBSラジオとテレビを通じて光州地域向けの特別談話を発表した。「一時的な興奮と憤激から銃器を持ち歩く青少年の皆さんは、今からでも遅くないから銃器を返還して家に帰れ……われわれはみな同じ同胞であり、同じ民族である以上、話し合って解決できない問題はないと思う。……忘れてならないのは、このようなわれわれの対決状況を北韓共産集団が悪用しようとしているのに違いないという事実だ」という内容であった。彼は、作戦に動員された戒厳軍に対しても談話を発表した。「この間、わが軍が光州事態に対処するなかで犠牲者を出し、またあらゆる困難に打ち克ちながら自制と忍耐で最善の努力を尽くしていることに対し、その労苦を高くたたえる。

光州事態に臨むに際しては、たとえ乱動という間違った行為であったとはいえ、わが同胞であり国民であるのだから、人命被害を極めて小さくせよ」という内容のものであった。

11　解放期間　V

（五月二六日月曜日　抗争第九日目）

第四次民主守護全市民決起大会

明け方五時、農城洞から戒厳軍が戦車を先頭にして市内に進入しているという知らせが、市民軍のトランシーバーから流れてきた。道庁は蜂の巣をつついたような騒ぎになった。全市民軍に総非常令が下った。道庁会議室で夜を徹して会議をしていた李ソンハク長老、金成鏞神父を中心とした一般収拾委員会の委員の一部は「戒厳軍が市内に進入して来るというなら、まずわれわれを轢き殺してから入って来い」と言って、農城洞入口の道路に身を横たえた。

戒厳軍の戦車は市民軍のバリケードを踏みつぶし、一キロメートルほど押し込んで来た所で、韓国電力の前に陣を張った。彼らはそれ以上は進まなかった。戒厳軍を指揮していた将校は収拾対策委員に対し、「何としてでも不純分子や一部の煽動者を排除し、銃器を回収し、返納して解散せよ。さもなければ今後いかなる事態に対しても、軍は責任を取ることはできない」と脅した。抗争指導部の分析によれば、戒厳軍はソウルと結ぶ高速道路への進入路である周縁道路を握ることにより、後に予定されている総攻撃に備えて兵力の輸送ルートを確保すると共に、市民軍の主要な燃料供給源であったアジア自動車工場を市民軍側から遮断し、その機動力を奪おうとの意図が明らかであった。

一方、戒厳軍が戦車を先頭にして市内に侵入し始めたという情報が広まると、市民は朝早くから道庁前に集まってきた。

午前一〇時ごろ、数万人の市民が集まり、決起大会を開催した。激怒した市民は噴水台の上に上がり、戒厳軍の残忍性と市民軍との合意に対する裏切りを糾弾した。その場で「大韓民国国軍に送る文」が朗読され、一人の予備軍が「予備軍は総決起しよう」と訴えて熱弁をふるった。正午ごろ決起大会が終わると市民は大型の太極旗を前に掲げ、全南大学のスクール・バスと千余人の高校生を先頭にして、全員が市街行進に移った。彼らは「われわれは闘いを止めることはできない」、「武器返納に決死反対」「殺人魔〇〇〇〔全斗煥〕を八つ裂きにしてしまえ」というスローガンさえも叫び、「闘士の歌」や「われらの願い」を歌って行進した。デモ群衆は錦南路―光南路―光州公園―楊林高校―全南大学病院―チョンサン学院―鶏林派出所―旧駅―韓一銀行の道をたどって、再び道庁前に帰ってきた。

抗争指導部の活動

午前から抗争指導部は各部署別に業務を分担し、各自の任務に就いていたが、戒厳軍の一時的進入による混乱のなか、体系的な指揮はすぐには取れなかった。

企画部では、道庁内部と市民軍全体の組織統制のために、道庁への出入りを厳重に制限した。燃料の使用を統制するため、燃料使用の証明書を持つ車だけが市内の貯蔵庫から給油を受けられるようになった。また募金活動を行なって、徴発によるのではなく必要な物についての支払いをするようにした。そこでは武器と補給品の管理、その他庶務や総務一般に関する事項など、闘争委員会の全体的な業務を総合的に取り扱い、調整する役割りを遂行し始めた。

民願部では、被害者の名簿の受け付け、尚武館の死体整理、民間人の業務開始の促進、官公庁の正常可働、市内の強力事件の収拾と調査部への移管、市外電話の再開努力、市街地の清掃などを遂行した。調査部は、それまで戒厳軍側の工作要員や警察の情報要員が最も多く浸透していた部署であったので、特別に、道庁内の事情に精通している運動圏の青年や人々を配置し、それまでの調査部要員の中で、怪しいと思われる者はすべて追い出した。機動打撃隊が申告によって出動し逮捕した市民秩序攪乱事犯は調査したうえ、一般刑事犯の場合は現在戒厳軍と対峙中という状況を十分に説得した後に訓放し、保安事犯の場合には企画部に移管させせた。弘報部では、今までの決起大会を大々的に拡大させ全般的な弘報活動を強化するために、全日放送と『全南毎日新聞』を稼働させる計画を立てた。補給部では、葬儀に必要な棺とその他の物資、そして市民軍の食糧確保のために、市長、副知事、更に道庁の各局長クラスにも協力を要請した。

スポークスマンは、抗争指導部のあらゆる決定事項について対外的な窓口を一元化し、市民に対する執行部の公的権威を回復することを任された。抗争の広りをめざして、記者会見を行なうことにした。実質的に執行部内部の総括的な事柄を把握している尹相元にそれが委ねられ、スポークスマン室で記者会見をすることになった。外国人記者の参加は多かったが、国内紙の記者で会見に応じた者は一部であった。

外国人記者はフランスのルモンド、アメリカのウォールストリート・ジャーナル、NBC放送、CBC放送、UPI通信、イギリスのサンデー・タイムズ、ドイツのツァイトゥング、日本の朝日新聞、NHK等、その他四、五人が集まった。国内の新聞では東亜日報、京郷新聞、全南毎日などが参加した。彼らの中でNHK特派員の韓国人記者が英語で通訳をし、外国人記者たちは一時間にわたる記者会見を、あまさず録画した。抗争指導部の代弁人は、あらかじめ準備していたチャートで、これまでの事柄について全般的な説明をした。説明の後に、外国人記者から順次、闘争の目的、現在の状況、これまでの被害状況に対する質問を受けた。

朴南宣状況室長は、何よりもまずそれまでの巡察隊を機動打撃隊として再編強化することで命令系統を確立した。機動打撃隊長には尹錫樓（螺細工、一九六一年生まれ一九歳）を、さらに副隊長には李在鎬（一九四七年生まれ三三歳、漢陽大学工学部卒業、会社員）を任命した。五、六人ずつが一組となり、各組ごとに組長一人と打撃隊員四、五人、軍用ジープ一台とトランシーバー一台が支給され、各人にはカービン銃一丁と実弾一五発づつが渡された。こうした組が全部で一三編成された。機動打撃隊は委員長と副委員長の指示を受け、状況室長—機動打撃隊長—副隊長—組長—組員に至る指揮系統を確立し、市内の巡察、戒厳軍の動態把握、戒厳軍の潜入阻止、挙動不審者の逮捕・連行、治安維持、周縁地の市民軍との連絡業務等の任務が与えられた。

状況室長は委員長と副委員長の指示を受け、市内の地図が付いた状況盤に兵力配置図を作り、周縁地の戒厳軍と対峙中の地域を点検し、道庁を中心とした投降派の執拗な攪乱作戦を直接阻止していった。有事の際には状況室長に、市民軍の総指揮官としての任務が与えられた。彼はこの日の朝、武器庫を守っていた市民軍を大学生の部隊に交替させた。事実その時までだけを見ても、武器庫に対する統制はおろそかであった。

委員長と副委員長は、二五日から出勤し始めた道庁局長クラスの幹部たち、丁時采副知事、具竜相光州市長、一般収拾委員たちが集まって対策を論議している席に民願室長と共に参席し、この日の午後二時、道庁企画室長室で光州市長に次のような事項を要求した。

第一、毎日白米一俵ずつ与えること。
第二、副食と燃料を与えること。
第三、棺四〇個を用意すること。
第四、救急車の出動について援助すること。
第五、生活必需品の補給を円滑にすること。

第六、治安問題は一般刑事犯に関しては警察が責任をとること。

第七、市内バスを運行すること。

第八、死亡者の葬儀は道民葬とすること。

これらの要求事項を掲げ、話し合った結果、ほとんどは受け入れられ、五月二九日に道民葬をとり行なうことに合意した。指導部は、少なくとも二九日の葬儀までは戒厳軍の攻撃はないだろうと考えた。その間に時間を稼ぎ、すべての組織を再整備、強化するつもりであった。こうした話し合いの最中にも、副知事は武器を回収し返納するよう要求した。抗争指導部はこれを拒否し、現政権の全面的退陣を要求した。もしこれが受け入れられないなら、あなたがたとの話し合いはできないと応酬した。抗争指導部は政府に要求する七項目からなる「八〇万光州民主市民の決議」を突きつけた。

(1) 今回の事態のすべての責任は、過渡政府にある。過渡政府はすべての被害を補償し、即時退陣せよ。
(2) 武力弾圧だけを続け、何の名分もない戒厳令は即時解除せよ。
(3) 民族の名で慟哭する。殺人魔〇〇〇〔全斗煥〕を公開処断せよ。
(4) 拘束中の民主人士を即時釈放し、民主人士による救国過渡政府を樹立せよ。
(5) 政府と言論は、今回の光州義挙を虚偽捏造、歪曲報道するな。
(6) われわれの要求は、単に被害の補償と連行者の釈放だけではない。われわれは真の民主政府の樹立を要求する。
(7) 以上の要求が貫徹する時まで、最後まで、最後の一人になるまで、わが八〇万市民は共に闘うことを、すべての民族の前に誓う。

最後の決起大会

二六日午前に続き、午後三時には第五回民主守護全市民決起大会が開かれた。参加した市民のほとんどは

「戒厳解除」、「拘束者釈放」のスローガンを書いた鉢巻きを締めていた。その場で、抗争指導部が計画した予備軍の動員組織についての発表がなされ、それに対して市民は積極的に呼応した。

チュンシム寺からやって来た一人の若い僧（二七日未明、戒厳軍によって殺される）が弁士をかって出て、噴水台に上がった。彼は静かな口ぶりで、仏教徒である自分がなぜ闘わなければならないかを、説得力をもって市民に語った。市民の一人はピストル強盗事件を歪曲し誇張して報道するマスコミを糾弾した。「都市では日頃強盗事件が一日に何件かは起こっている。だがこの一〇日間、光州では強盗のような事件が一体何件起こったと言うのか。せいぜい二、三件程度ではないか。それがそんなに深刻だと言うのか。五千余丁の銃器を誰もが持って歩き回っているが、銀行や貴金属店が一度でも襲われたことがあったか。涙が出るほど光州市民の誇りがありがたく、頼もしい限りだ。光州市民は血であがなった自由を恥かしめてはいない」

群衆は熱い拍手を送った。大会の途中にも、葬儀の準備のため募金運動が続けられた。キリスト教の代表四人が、事態収拾費として一千万ウォンを募金中だとして、まず一〇〇万ウォンを指導部に渡した。

戒厳軍は朝から三回も、丁時采副知事を通じて最後通牒を送ってきた。午前九時ごろ、一般収拾対策委員会のメンバーが戒厳分所を尋ねて行き、交渉を継続した。戒厳軍側は武装解除と武器の返納を要求し、事態収拾のために戒厳軍の代わりに警察を治安維持に投入すると約束した。彼らは「午後六時までに武器を返納せよ、これが最後通牒だ」と武力鎮圧を強く示唆した。また尚武台勤務の防衛兵が目撃したこととして、軍の兵力が増強され、出撃前夜の豚肉パーティーが行なわれていたという情報が入ってきた。尚武台勤務のある将校の妻が、退勤時間が過ぎても夫が帰って来ないので部隊に電話をしてみた。「今晩は帰れないが明日の晩には帰れるだろう」と伝えてきたことからすると、今夜中に何か、兵力の動きがあるようであった。

戒厳軍は午後五時、「もうこれ以上は持てない」として今夜中に攻撃する意志を明確に伝えてきた。指導部はこの事を市民に知らせるべきか知らせざるべきかと、しばし迷った。いずれにせよ目の前におし迫ったことであり、市民の協力に依存する他ないという立場であるならば、たとえ市民の高揚した雰囲気が多少そがれても、状況を正確に知らせて対策を講じなければならないという判断がその末になされた。

抗争指導部は決起大会が終わるころ、今晩、戒厳軍が攻撃してくる可能性が非常に強いと、公式に発表した。決起大会会場の高潮した雰囲気は一気に冷え、広場は悲壮な沈黙に覆われた。ついに来るべきものが来たようだ。人々は互いに顔をそむけ、各々深い思いに浸っているかのようであった。沈黙した市民の目には涙が光っていた。いまや誰も光州の叫びに耳を傾けようとせず、あの凄絶な抗争の日々が、そして死んでいった英霊たちさえ、忘れさせられてしまうのだろうか。

孤立した光州は、闘いの果てに一人淋しく崩れ去ろうとしていた。決起大会は終わったが誰も立ち上がろうとはしなかった。こうした状態で、戒厳軍と闘って勝てると考えた市民は、ほとんどいなかった。あまりにも多くの武器が回収されてしまい、半数を超える市民軍が離脱した状態で、増強された戒厳軍の戦車と強力な火力に、どのように対抗し得るというのか。こうした状況で、どんなに卓越した指導力を発揮したとしても、より強力な武力の前ではいかんともし難かった。市民は何日か前のように、煮え返る怒りを爆発的行動として噴出するには、あまりにも疲れ果てていた。今では悲しみと被害意識の方が、さらに大きかった。

日が暗くなり始めていた。ある女学生が清らかな声で、「われらの願い」を広場の隅で歌い始めた。

われらの願いは統一
夢にも願うは統一
心の底から願うは統一
統一をなしとげよう

歌は群衆の間に、次第に広がって行った。ついに広場全体に、歌声が響いた。

この同胞《はらから》を生かすは統一
この国を生かすは統一
統一よ　早く来い
統一よ　来い

市民は誰が先頭に立つともなく、市街の蛇行行進を始めた。多くの者は家に帰ってしまったが、五、六千人の群衆は錦南路―柳洞三叉路―良洞アーケード商店街―石坂を経て、公団の入口に進んだ。戒厳軍の多くの兵力は韓国電力前に陣を敷いていた。近くの住民がいつの間にか行進の左右に集まってきて、再び群衆は三万余人にふくれ上がっていた。戒厳軍との対峙場所から一〇〇メートル余り前方で、デモの群衆は足を止めた。「戒厳軍は撤退せよ！」、「われわれは最後まで闘うぞ！」、「光州を守ろう」と叫び、糾弾した後、群衆は再び道庁に戻って解散した。日がとっぷりと暮れても道庁前になお残っていたのは、二〇〇人余りであった。

「皆さん！　祖国の民主化のために喜んで死んでも良いと思う人だけが残り、他の人はお帰り下さい。今晩、戒厳軍がやって来れば、われわれは最後まで抗戦するでありましょう。全滅してしまうかも知れません」

司会者がかすれた声を張り上げたけれども、そこに残った者は釘づけになったように、立ちつくしていた。

同じころ、道庁では以前学生収拾委員であった金昌吉、黄クムソンなどが押しかけ、あちこち歩き回り、会う人ごとに「戒厳軍が今すぐやって来る。早くここから離れろ」と喋り回っていた。金鍾培、尹相元は彼らを強く制止した。状況室長の朴南宣は軍服姿で飛んで来て、ベルトに差していた四五口径のピストルを引き抜き空砲を発射して叫んだ。「なぜわれわれを戒厳軍に売り渡そうとするのか。誰が武器を返納せよと言うのか。この状況下で、武器の返納はできない」。投降派の一部は道庁内の放送室に奇襲をかけ、放送を通じて武器返納を勧めていた。朴南宣は放送室のドアを蹴破ぶって入って行き、マイクをひったくった。「どいつでも投降しようとする奴は、殺してしまうぞ。武器を返納しようとする奴らは、すべて戒厳軍の手先だ」。状況室長がピストルで狙いをつけておどすと、彼らはこそこそと出て行ってしまった。彼らの内部攪乱によって、それまで道庁で行動を共にしてきた市民軍一五〇人余りは、道庁から去って行った。

また一般収拾委員の大部分は、共に生き残らなければならないではないかと言って、武器を捨てての降伏を受け入れた。生か、死か、いずれか一つを選ばなければならない、切迫した時間であった。誰かが頭を上げて言った。「むろん、われわれは敗北するでしょう。死ぬかも知れません。だが、ただこのまま、すべての者が銃を棄て、戒厳軍を何の抵抗もなしに迎え入れるには、この何日間かの抗争があまりにも壮烈でした。今後、われわれ市民の抵抗を完成させるためにも、誰れかがここに残って、道庁を守って死ななければなりません。」

彼らは自分たちを、抗争終結の指標と考えているようであった。

この時、最後まで残っていた決起大会の群衆がスクラムを組み、道庁に押し寄せ、「武器返納反対」、「最後まで闘おう」と叫んだ。尹相元は学生たちを制して、すぐに武器を支給するから、ＹＷＣＡで待機するように告げた。一般収拾委員たちは、武器返納の勧めを放棄し、全員家に帰ってしまった。丁時釆副知事は、金鍾培委員長に言った。「学生たちは死んではならない。夜中に戒厳軍がやって来ると私に通報が来れば、君たちに知らせるから、その時にはす早く逃げ出しなさい。」だが金鍾培は「では学生たちは逃げて生き延び、学生ではない一般市民軍は死ねと言うのか」と、悲痛な表情で聞き返した。

戒厳軍の戦略と工作

戒厳軍が五月二一日に光州市全域から退却した最も直接的で本質的な原因は、光州市民が繰り広げた二〇日と二一日の死に物狂いの全市民的な闘争に押されたことであったのは確かだが、他方では戒厳軍の戦術的後退としての側面もあった。戦術的後退というのは、撤収地域を再び占領するためのさまざまな内容の攻撃的な作戦が同時に進められることを意味する。戒厳軍は、戦術的撤収地域の再占領作戦の一環として心理的方法を用い、市民軍の内部崩壊や市民軍内相互不信を助長するのに総力を傾けた。

解放期間（二二日から二六日まで）における戒厳軍の光州市に対する瓦解工作は、いくつかの類型に分けることができる。

第一、事実報道を統制し、意図的な歪曲・誇大宣伝を行ない、光州を孤立させた。言論操作の最も重要な目標は、民衆蜂起が他の地方に飛び火するのを防ぐことと、光州市内の闘争熱気を分散させることであった。例えば政府の発表は、「修羅場の無法天地となってしまった光州」を全国に宣伝した。光州では食糧、医薬品、輸血用血液が絶対的に不足し、甚だしい買占め売り惜しみが現われていると報道された。だが実際には、光州はむしろ解放感に満ち満ちた共同体に変わっていたのだ。また、鶴雲洞の一家三人銃殺事件も、まるで市民軍の狼藉行為扱いされたが、事実は、家族内部の紛争にすぎなかった。他の細かな強力事件も、政府の統制下にあった時よりも発生率は明らかに低かったが、すべての犯罪は市民軍の武装の故に発生したかのように誤報された。五月二三日にソウル駅で検挙された（北の）スパイ李昌竜がデモの群衆に飲ませる幻覚剤を持っていたという報道も、全く説得力のない、戒厳当局の拙い宣伝の一つの型を示している。

第二に、戒厳軍は、光州市を徹底的に外部から孤立化させる基本戦略をとった。例えば、光州を農村から遮断させ、包囲された都市にしてしまおうとした。これは、さまざまな生活必需品とともに、戦闘遂行能力の客観的指標とみなされる燃料、実弾、兵力、その他諸々の補給路の遮断をも意味している。戒厳軍は外応勢力を遮断するために、周辺の市、郡からひたひたと押し寄せて来る地方の武装デモ隊に対し各所での待ち伏せ作戦とヘリによる追跡で徹底的に粉砕した。海南ウスル峠での待ち伏せ作戦と、羅州、和順、霊光地域での武装デモ隊への機銃掃射、徹底した事前鎮圧は、光州市を一層孤立させた。二一日、光州から逃れた松汀里地域の武装デモ隊三〇人余は、二二日に飛行場方面の道路が遮断されて市内に入ることができなくなるや、武装を解除すれば通過させるという約束を信じて武器を返納したが、そのまま尚武台の軍部隊に全員が連行されてしまった。戒厳軍の徹底した遮断作戦の一つの姿であった。

第三に、戒厳軍は、市民軍相互間、または指導部内に不信感を深め、内部分裂を起こさせるべく、工作要員を浸透させ、諸々の捏造事件を起こした。軍の保安隊要員らは、あらゆる情報を収集し、報告した。二六日朝、抗争指導部の調査部に連行された一組の男女は、小型カメラと録音機を持っていたが、しきりに辻つまの合わないことを言っていた。調査部では、彼らを中央から派遣された政府の工作要員だと判断した。また警察要員も私服を着て、道庁の指導部（収拾対策委員会当時）内の調査部に多数浸透し、道庁の内部掌握を図った。一時は、強硬派の青年たちを不純分子やスパイ扱いにし、連行、調査した。いわゆる「毒針」事件は、市民軍の指導部を崩解させるための、彼らによる代表的な捏造事件であった。

第四に、市民軍が使用する装備や施設を事前に故障させたり、除去したりして、使用不可能にしてしまった。〔事例は、ダイナマイトの雷管抜き取りなどこれまでに明らかにされているとおり〕

こうした戒厳軍の絶え間ない破壊工作にもかかわらず、光州市は包囲され孤立した状態で、五日間も持ちこたえた。光州市に対する内部分裂工作が失敗し、民衆抗争指導部が実権を握るまでになり、抗争が長期化するのを覚った戒厳軍は攻撃を急いだ。国際世論と軍内部の反発、蜂起の拡大、経済的破綻等、深刻な体制の崩壊の危機に直面した彼らは、今ひとたび、残酷な武力鎮圧作戦を敢行するほかなかったのである。

12　抗争の拡がり

五月二一日午前、アジア自動車工業社と各種の車庫からデモ群衆によって車両が大挙獲得されたのを契機にして、これまで光州市内に限られ孤立的に進んでいた民衆民主抗争が、全羅南道各地に爆発的に拡がっていった。これは、民衆蜂起が一定の段階に到達する時、孤立感は克服され、連帯支援勢力を確保するようになるという、運動の発展論理が自然に働くことを意味する。この日午前、デモ隊は最初高速道路を通って全州・ソウル方面へ進出を図ったが、光州―長城間のサナムトンネル付近に待機中の戒厳軍に強力に阻止されたのでそれを放棄して、主として全羅南道内の各市、郡に燎原の炎のように広がって行った。

木浦・威平・務安地域

〔木浦〕

五月一八日から始まった光州民衆の民主抗争が、光州を逃れてきた市民の口を通じて伝えられ、木浦地域にも戒厳軍が進入するだろうという噂が流れていた。光州での戒厳軍の無慈悲な虐殺の情報が伝わると、木浦市民も怒りとうっ憤を隠せないまま一触即発の雰囲気に包まれた。

木浦は他の地域と異なり、民主化運動の大衆的象徴と化した金大中氏の出身地であり、そのためか特に政治的野党勢力が強いだけでなく、市民も彼が獄苦を受ける時には共に悲しみ、政治活動を活発に展開する時には共に喜んだ。一〇・二六以後ようやく迎えた「民主化の春」は、木浦市民にとって、彼らの期待の的である金大中氏の執権を実現させる絶好の機会と受け取られた。こうした素地の下で、金大中氏が戒厳司令部に連行されたという情報が伝わると、政治的期待に対する挫折感は他のどの地域よりも深かった。

五月二一日、木浦警察署管轄下のほとんどの警察は、光州地域のデモ鎮圧に動員され、警察署と派出所は空っぽ同然の状態となった。同日午後一時ごろ、光州から逃がれて来たデモ隊二〇〇人余りは、角材などで武装したままタクシー一台と四台の光州高速バスに分乗し、羅州、咸平、務安を経て木浦に到着した。彼らは光州で行なったように市街地を車両行進し、光州市民の被害状況と戒厳軍の蛮行を知らせる街頭放送を行なった。彼らは「戒厳解除」、「殺人魔〇〇〇〔全斗煥〕退陣せよ」、「金大中を釈放せよ」、「拘束市民、学生を釈放せよ」と叫び、木浦市民の決起を訴えた。風船のようにふくらんでいた政治的熱望が水の泡と帰してしまい、それに比例する大きな怒りを充満させていた木浦市民は、突破口を見い出したように、デモ隊を熱烈に歓迎し、またたく間に二万人余りが木浦駅前広場に群がった。一部の市民は光州から来たデモ車両に「非常戒厳解除」「金大中氏釈放」「〇〇〇〔全斗煥〕退陣せよ」、という垂れ幕を吊してやり、デモ隊に飲料水やパンを積んでやった。市民は午後四時ごろ、金大中釈放と戒厳撤廃などを叫び、隊伍を整え街頭行進を行なった。一部の残留警察による制止と催涙弾の投てき等があったが、すでに火がつき始めた市民の怒りの前に、ほとんどの者は逃げだしてしまった。このころ、光州から来たデモ車両は、多数の木浦の青年を乗せて再び光州に向かった。午後からは店が閉じられ、各官公庁が空になって市内全体が治安空白地帯化され、陸路、海路等の交通遮断とともに通信も途絶された。

木浦市民はテウオン観光バスを動員し、街頭車両行進を行ない、自らの団結した力を示してやろうと街頭放送に立ち上がった。彼らは儒達山にあるKBS放送局に入り、市民向け放送を行なおうとしたが、失敗した。ここのKBS、MBCテレビは、光州放送網から中継されているが、二〇日午後から放送が中断されていた。午後七時二〇分ごろ、軍用ヘリ一台が一〇分余り木浦上空で、デモ隊の行動偵察をして行った。このころから、市街地だけをねり歩いていたデモ行列は、市庁の窓ガラスを壊し始めた。日が暮れると共に、デモ隊は次第に激烈になって行った。夜九時ごろにはがらんとした警察署に入り込み、窓ガラスを壊し、庭にあった警察トラック一台と護送車一台を燃やしてしまった。二〇日夜に光州市内で起こったデモと、よく似た状況が展開された。ただここには、武装した戒厳軍がいないだけであった。夜九時二〇分から三回にわたって、KBSとMBCに突入し、官制言論への敵慨心からガラス窓や器物を壊してしまった。九時三〇分から放送局が完全に麻痺してしまうと、ラジオ放送も中断した。デモ中に自家用車二〇台以上が動員され、熱気は次第に高まり、デモ隊の数は全市民が集まったかのような巨大な規模にふくれ上がった。同日夜一〇時ごろ、務安、咸平などで蜂起した武装デモ隊が木浦に進入し、木浦市民と合流した。

五月二二日夜一二時前後になると、女性や老人、子供たちは次第に家に帰り、デモ隊は学生や青壮年が中心になった。日ごろ市民の怒りを買っていた地域が、放火、破壊された。デモ隊は夜中二時、木浦駅の待合室をことごとく破壊した後、近くの蓮洞派出所などに次々と放火した。彼らは続いて中央情報部木浦分室、港洞派出所、税務署、海岸警察隊等を破壊し、市内のすべての派出所を完全に放火、破壊してしまった。そして、派出所武器庫から獲得した武器で武装した。

朝三時には海岸端にある南洋魚網工場が破壊された。南洋魚網は木浦市民の中でも多くの貧しい人々を、安い労賃で使っている所であった。夜が明けると、各高校では校長の裁量で休校令が出された。朝七時から市民は、再び駅前広場に集まり始めた。九時ごろには駅の建物に「戒厳撤廃」、「〇〇〇〔全斗煥〕は退陣せよ」、「金大中を釈放せよ」のたれ幕が掲げられた。

一部の青年たちは事態収拾のため、市教育庁に放送施設の使用を要求したが、拒絶された。午前中一〇〇人以上の武装デモ隊も参加した街頭デモが続いた。午前一〇時に宗教界指導者、在野人士、警察の代表などが中央教会に集まり、収拾案を模索するために「市民指導者」の集いを、一一時木浦市幸福洞にある安哲(三四歳、東亜薬局経営、キリスト教長老会青年会全国会長)宅で持つことを計画した。一二時ごろ、牧師、木浦大学長、市長、在野人士、政党代表らが集まって、次の事項を決議した。

(1) 無政府状態の中でも治安は維持されなければならない。このためには官民が協力すること。

(2) 光州市民の虐殺、蛮行を糾弾し、軍部と維新残党の政治的陰謀を暴露し、民主憲政の樹立を促すために、市民の平和的意志の収斂と主張の実践のために、市民自ら市民の名で決起大会を持たなければならない。

(3) 以上の内容が実行されるためには次の条件を受け入れること。①今後、事態介入に際して追い打ちの政治的報復はしないこと。②戒厳軍が木浦に進入すれば甚だしい流血事態が予想されるので、木浦進入を中止するよう要求すること。③市長はデモ学生、青年たちに代用食を提供し、駅前広場に放送施設を準備すること。④市内にあるすべての食糧は、外部放出を中止し備蓄すること。

そして今後の事態処理に関するすべての責任を、安哲氏に委任すると決議した。

これに従って、午後二時から「市民民主闘争委員会」主催で「第一回民主憲政樹立のための市民決起大会」が、駅前広場で一万人以上の市民参加の下に開かれた。この大会で安哲委員長は、「光州市民の虐殺は、自由市民を抑圧した維新独裁残党どもと軍人の政権欲の結託下に生み出された、計画的で組織的な、反歴史的・反民族的陰謀から始まったもの」だと主張した。そして市民自らが治安隊を組織することと、デモ隊が持っているすべての武器は「市民民主闘争委員会」に返納してくれるよう提案し、平和的な闘いで導いて行かなければならないと主張した。加えて彼は、犠牲が必要な時は自分が先頭に立つであろうと固く誓った。

決起大会が終わり、車と市民が街頭行進を始めると、市民たちはのり巻き、弁当、飲み水などをふんだんに提供した。こうした市民の一致した協力は、デモが終わる最後の日まで続いた。また各団体、個人が拠出した献金も相当な金額にのぼった。

武装デモ隊一〇〇余人は大型消防車、海軍のジープ、教会のバス等を乗り回し、裁判所、検察庁等、公共建物を壊して回った。木浦大学生や青年会議所の会員が武装デモ隊に「木浦では戒厳軍や警察官とは対峙していないので、みなさんが空砲を撃って回ると市民がかえって不安感を持つ」と言って、カービン銃やM1小銃の薬きょう等を回収したが、彼らの一部はなおも空砲を撃ちまくった。午後六時ごろ、カービン銃、M1小銃二四〇丁、LMG（軽機関銃）二丁を含む武器回収をすべて終わり、李ヒョンレJC議長が第三海域（軍機関）に返納した。

この日、木浦市内の小・中・高校には無期限の休校令が出された。決起大会後、たいまつデモが行なわれたが、木浦市全域がたいまつで埋めつくされる程であった。群衆の数は二〇万以上と思われた。

五月二三日は午前八時に、駅前広場へ市民が集まり始めた。各級学校の休校令で中学生、高校生もデモに参加しだした。午前一〇時から「第二回民主憲政樹立のための木浦市民決起大会」が五万人余の結集の下、開催された。木浦青年会議所が演壇用のトラックを提供するふりをして、演説のために車の上に上がった委員長を拉致しようとしたが、市民によって阻止された。この大会では「わが同胞と世界の自由民に送る木浦市民の決議文」が朗読された後、万歳三唱とともに街頭行進に移って行った。街頭行進の最中、木浦青年会議所はデモの妨害もした。

午後三時ごろには、青年、学生を中心とする木浦市民民主化闘争委員会執行部が木浦駅前で組織された。執行部長（二二歳、木浦工業専門学校二年）、総務部長黄インカップ（韓国神学大学三年）を選出し、デモ本部は木浦駅に定められた。この日の決起大会では「金大中先生をこれ以上弾圧するな。金大中先生は、わが木浦市民が三〇年の間弾圧を受けながらも生み出したわが民族の指導者だ」と主張された。午後八時から太極旗を先頭に、四〇〇余のたいまつ等をかかげ一〇万以上の人波が行進した。

たいまつデモを終えた市民は夜一〇時四〇分ごろ駅前広場に集まり、ひき続き徹夜籠城を展開した。そののち警備隊を組織し、市内と郊外の巡察を行なった。

五月二四日、午前九時ごろ憲兵隊の車が市内に進入し、巡察しつつ、デモ中の市民を脅した。だが、市民がひるまず、かえって、旧市庁に殺到すると、あわてて逃げ出した。午前一〇時から「第三回民主憲政樹立のための木浦市民決起大会」が開催された。この時から各学校別、洞別などに団体を作り、みなが集まるようになった。決起大会中、市民らが前に出て「金大中を釈放せよ」という血書を書いた。一方上空では、軍のヘリが「暴徒たちは自重せよ。市民は動揺するな」という内容のビラをまき、宣伝放送をしていた。またその場では、光州市民の英霊のための焼香台が設置され、木浦市民の哀悼を表する焼香の列が続いた。この決起大会では「警察、公務員は正常勤務の準備につくこと。しかし警察は市内に現われないこと。交通警察だけが市内バスの運行に協力すること」などが行政局に要請された。午後八時からは約一〇万人参加のたいまつデモが展開され、徹夜籠城を続けた。

五月二五日、夜半の一時ごろ、木浦警察署長（李チュング）は民主市民闘争委員会委員長（安哲）の家を尋ね、デモを終結させてくれるよう要請したが、安哲は光州事態が完全に解決されるまで、平和的方法で闘争を継続すると言ってそれを断わった。この日は日曜日であったので、一二時三〇分ごろに駅前広場で「木浦市キリスト教連合会非常救国祈禱会」が開かれた。そして「光州市民革命に対する木浦地域教会の信仰告白的宣言文」を採択し、朗読した。木浦蓮洞教会では、「光州事態は明白に計画的で組織的な良民虐殺事件である」、「血の値に掛けはない。直ちに補償せよ」などのプラカードが掲げられた。午後二時からは光州事態現場報告等、デモ、籠城が続いた。

五月二六日、この日も午前一〇時から「第四回民主憲政樹立のための木浦市民決起大会」を開いた後、続いて街頭行進をした。午後四時には市民民主闘争委員会執行部会議が召集された。その席では、光州鎮圧を予想し、それに合わせてデモを集結させることにした。午後八時からはたいまつデモが、一〇万余の人波によって行なわれた。

五月二七日午前六時ごろ、光州の道庁に戒厳軍が進入し占拠したという情報に接した後、午前一一時から「第五回民主憲政樹立のための木浦市民決起大会」が開かれ、「わが同胞と世界の自由民に送る木浦市民の決議文二」を採択し、抗争を続けることを固く誓った。街頭行進のさなか、軍のヘリがデモ隊を偵察し、ビラをまき解散と自首を促した。午後八時からたいまつデモを行ない、光州陥落の後も闘うことを固く誓った。

〔咸平〕

咸平地域は一九七八年八月四月、カトリック農民会の支援の下に地域農民が勝利を収めた「咸平さつまいも事件」により全国で初めて農民闘争の勝利を示したくらいに、農民の意識の高い所だ。

五月二一日午後一時ごろ、高速バス、トラックなど一〇余台に分乗した光州のデモ隊が咸平邑に到着した。咸平邑民は大いに歓迎し、群衆デモを行ない、咸平新光支署等を接収し、銃一〇〇余丁、実弾二箱等の武器を獲得した。彼らは夜八時ごろ、光州に進入しようとしたが、戒厳軍が光州の周縁地帯を封鎖していたので再び咸平に戻った。五月二二日、朝から多数の群衆が集結しデモを行なったが、午後にはデモの車に太極旗を付けたまま海南、霊光等に向かい、途中で厳多支署の武器庫と軍の部隊を攻撃し、獲得した多量の武器を務安を経て木浦に搬入した。

五月二三日、デモ隊は本部を咸平警察署に定め、霊光に通じる道路と咸平橋の入口にバリケードを築いた状態で、自主警備についた。

〔務安〕

五月二一日午後二時ごろ、光州武装デモ隊三〇余人が搭乗したバスが郡民と合流して務安郡一帯をデモし、務安玄慶面支署を接収した。さらに務安警察署、清溪支署を襲撃しM1小銃、カービン銃等多量の銃器を捕獲した。午後三時海際面支署を掌握してM1小銃一〇丁、カービン銃二〇丁を獲得し、午後三時四〇分には望雲面支署を接収し、四時には望雲面ウンアム支署を接収した。

羅州・栄山浦地域

五月二一日午後二時ごろ、光州からやって来たデモ隊によって、戒厳軍の発砲事実が伝えられた。光州三養市内バスなどに乗ったデモ隊三〇余人は羅州邑に入ると、そこの住民と合流し、二〇余台の車両を獲得して五〇〇余人が羅州邑城北洞の羅州警察署に進入した。軍用レッカー車を警察署の武器庫に突っ込ませて破壊した後、カービン銃九四丁、ピストル二五丁、空気銃一五一丁等を獲得した。彼らはその足で羅州警察署錦城洞派出所に進入し、自分たちが運転して来た軍用車をぶつけて派出所予備軍武器庫を壊し、保管中のカービン銃五〇〇丁、M1小銃二〇〇余丁、実弾五万発余を手に入れた。続いて栄山浦邑ヨンカン洞支署に進入し、弾薬二箱を獲得した。デモ隊は獲得した武器で完全武装した後、羅州郡老安面、山浦面等でデモを行ない、午後五時ごろには獲得した武器を積んで光州に引き返した。一部は二三日まで羅州、栄山浦、康津郡城田面、海南郡玉泉面等を遊撃して、各地域で加わった農村青年たち（彼らは、ソウルや光州等の大都市でさまざまな雑業、屑拾い、古物商、靴工、溶接工、ボイラー工、大工、果物行商、車両整備工等に従事したが生活が思うにまかせず、故郷に帰って農業についていたとはいえ、そのほとんどは潜在失業者群を形成している青年たちであった）と共に光州地域の闘争を支援するため何度かにわたり、光州周縁地の突破を試みたが、その度に多くの死傷者を出した。彼らは光州進入が阻まれると、二三日ごろまで何度も住民の支援下に各地方を連結させデモを行なったが、ヘリを用いての偵察下に追撃してくる戒厳軍のために各地で多くの死傷者や逮捕者を出した。

霊岩・康津・長興地域

〔霊岩〕

この地域の青年たちは、少人数でデモを始めたが、参加者が増加するや、五月二二日朝から自動車等を手に入れ始めた。午前一一時ごろ、霊岩郡郡西面にある郡西支署を接収し、午後二時半ごろには鶴山支署を接収して武器庫を調べたが、何もなかったので支署内の器物を壊してしまった。ここで獲得したオートバイに乗り、午後六時ごろ霊岩郡始終支署を接収し、武器を探したが、やはり発見できなかった。住民の通報で支署の裏山に埋めてあった銃を発見し、入手した一二〇余丁のカービン銃で武装した後、午後七時半ごろ羅州邑の郡庁前広場に集まっていたデモ群衆に渡した。

午後九時半ごろ、新北高校等の高校生等一〇余人と同地域の一〇代後半の青年たち一〇余人らが始終面支署の裏山に登り、昼間銃を見つけた場所の近くをなおも掘ってみると、カービン銃四〇余丁とM1小銃五丁が出てきた。五月二三日一〇時ごろ霊岩郡都浦面徳化里の貯水池付近の路上で、都浦支署の実弾を耕耘機に積せて待避中であった予備軍の中隊長から、M1小銃やカービン銃の実弾二万一四七〇余発を奪ってトラックに移しかえた。同日午後四時ごろには、始終支署の裏山に登り、埋めてあったM1小銃二〇余丁をさらに獲得した。彼らは光州市民の闘争を支援するために、数度にわたり同市内への進入を試みたが、結局周縁地域を越えることができず、二四日ごろ戒厳軍と交戦の末に多数の死傷者を出し、残りの者は逮捕された。

〔康津〕

五月二一日、バスやトラック七、八台に乗った光州のデモ隊が康津に到着した。各種のスローガンを叫び市街地を行進すると、多くの邑民が出て来て歓呼した。続いて二二日にも光州デモ車が進入し、光州現地の状況を説明し、邑民の決起を訴えると数千人の邑民、青年、学生たちが、デモに立ち上がった。この日から青年会議所の会員、キリスト青年会、康津農業高校生、青年等が康津邑の教会に本部を置き、活躍した。二三日、康津農業高校生を中心とする五〇〇人が街頭デモを行なったが、彼らは警察、戒厳軍と衝突して六人が康津邑の道立病院に入院し、内一人は死亡した。

〔長興〕

五月二二日デモ隊はバス、トラック各三台に分乗し、「金大中を釈放せよ」、「救い出せ、われらが兄弟」などと叫んで長興邑一帯を車で街頭デモをしながら、トラックに据えつけたマイクで光州の現地報告を流した。長興高校生を中心とする約四〇〇人のデモ隊が彼らを歓迎し、冠山邑でもバス一台とデモ隊が合流した。

海南地域

全羅南道のほとんどの地方がそうであるが、特に海南地域は伝統的に民族・民衆運動の息吹きが強い地域である。広い穀倉地帯を中心として、隣接する中小の郡、邑を結ぶ交通の要地であり、かって日帝時代や解放後の左右の衝突の時にも活発な民族運動が展開された。その時代を生きた人々が今なお生存しているだけでなく、そうした雰囲気の中で育った二世たちは、金南柱(詩人)、尹漢琫(現代文化研究所長)、李カン(喊声誌事件)、金鉉奨(釜山アメリカ文化センター放火事件)のように、全南地域青年学生運動の中核的人物に成長した。海南地域の民衆意識もまた、客観的条件によって他の地域より進んだものを持ち、カトリック農民会の活動等もかなり活発であった。

五月二一日一二時半ごろ、海南郡三山面テフン社で海南青年会議所の緊急理事会が持たれ、一一人(前会長朴チュンハ、現会長黄ヨンテク、常任副会長朴ビョンチュ、内務副会長金トクス、研修院長金ヨンホ、総務理事李イサム、理事林ボンテク、梁フェサン、崔ジョンオ、金カンソップ、白ソンオ)が参加して、①民主人士の解放と民主回復、②独裁者追放、③農漁民の保護政策の活性化、④光州事態の犠牲者に対する補償、⑤戒厳解除等をかかげ、デモに立ち上がることを決定した。

午後二時半ごろ、光州からのデモ・バス一台が海南邑に到着し、女子学生がマイクを通して光州の急迫した情報を知らせ、邑民の決起を訴えた。午後三時ごろ、約三千余人の群衆が海南邑城内里にある教育庁前の広場に集まって糾弾大会を開き、街頭行進に移った。

デモ隊の代表は、海南邑安洞里に駐屯している軍の部隊長張ユンテ中佐と会い、平和的デモを約束した。午後五時ごろ、光州から大挙して再びデモ車両が進入した。軍用ジープ一台、軍用トラック二台、バス二台、トラック一台がやって来てデモに加わったが、青年、学生等五〇〇余人を乗せて引き返して行った。海南警察署は空っぽになり、主要な官公署の警備には住民が当たった。午後六時ごろ、ヘガン旅客の専務と協議して車両二台の支援を受けたほか光州高速バス五台、光全交通バス五台、光原旅客バス三台、貨物トラック五台を獲得し、午後七時ごろから海南郡一円でデモを行なうことにし、海南邑—三山面—花山面—縣山面—北平面—松旨面を回って夜一〇時ごろ莞島邑に到着し、街頭行進を行なった。彼らはデモの途中、北平面で車両五台をさらに獲得して、各車両ごとに小隊長を任命し組織的な統制下でデモを進行させた。

五月二二日、この日は朝六時から海南邑—馬山面—黄山面—門内面—花源面のコースでデモをした。午前一〇時ごろには海南邑—玉泉面—渓谷面—康津邑—霊岩邑—栄山浦邑—羅州邑—務安邑—木浦市にデモをし、連帯を強化した。

デモの途中、渓谷支署、玉泉支署、花山支署、月松支署、ウォルアン支署、ウスヨン支署等でM1小銃、カービン銃、手榴弾といった多量の武器を獲得した。午後一時、海南邑の郡民たちの熱烈な歓迎を受けて到着したデモ隊は、車五〇余台を先頭にして海南邑所在の軍部隊の占拠を試みたが、郡関係者や軍部隊長の説得でとりやめた。五時三〇分には光州から来たデモ隊が海南警察署の武器庫を破壊し、M1小銃、カービン銃四〇〇余丁を獲得した。午後六時ごろから、一般郡民が不安感を持つとの理由で武器の回収が始められ、M1小銃、カービン銃二〇三丁が回収され軍部隊に返納された。夜八時まで引き続き武器の回収がなされた。八時三〇分、兵力を増強した軍部隊は上部から発砲命令を受け、デモ隊に早期収拾を促した。デモ指導者は自主収拾を前提に、発砲時間を午前零時まで延期するよう要請した。これによってデモ隊は解散したが、武装勢力を中心とした相当数はデモを続けた。彼らはこの二三日夜一時ごろ、海南から光州方面に進むにはどうしても通らなければならない玉泉面ウスル峠で、待ち伏せていた戒厳軍一個中隊以上に包囲され、M16小銃、LMG機関等の乱射と手榴弾の投てきで、少なくとも二〇人以上が死亡し、多数が負傷した。同日朝六時には、海南邑安洞里の軍部隊の前の国道でデモのバス一台が軍の銃撃を受けて転覆し、多くの死傷者と重軽傷者を出したと思われる。七時には海南邑洑坪里の国道で軍と銃撃戦を交え、武装デモ隊一人が死亡した。一一時ごろからは戒厳軍がデモに加わる住民たちを逮捕、連行し始めた。一方、同日午後には執行委員会委員長金ドクス(三四歳、家具商)、車両担当李ウィサム、金カンソップ、安全部黄ヨンテク、給食部金ヨンホ、金ドンオ等で編成した。この夜、右水営の方からやってきた二台のデモのバスに、サンドンリ峠で待ち伏せていた戒厳軍が発砲して三人が死亡した。軍部隊前の白也里では莞島の方から来たデモ車両にM16小銃、LMG機関銃が乱射された。

五月二四日、莞島から七台のバスに分乗して海南に来たデモ隊が軍部隊前で軍と対峙し、一触即発の息苦しい対決となったが、軍部隊長、海南邑長の説得によって銃撃戦には至らなかった。

和順地域

五月二一日午前一一時ごろ、光州から来た二〇〇余人のデモ隊が「〇〇〇〔全斗煥〕退陣」、「戒厳解除」、「金大中釈放」、「労働三権保障」等を叫んで和順邑一円をデモした。午後二時半、光州で戒厳軍の発砲が始まったという情報を持ち、息せき切ってノリッ峠を越えて来たデモ隊に邑民たちは合流し、和順東面支署を急襲して、獲得した武器を光州に運び込んだ。午後三時ごろには和順警察署を襲撃して多量の武器を獲得し、同夜九時半に炭鉱に向かった。途中一〇時ごろソンガン支署を接収したうえで一〇時半ごろには炭鉱に進入し、鉱夫の協力で多量のTNT火薬を獲得した。続いて夜一一時、和順北面支署を接収し武器を奪った後、徹夜のデモを行なって二二日朝六時ごろ、獲得したすべての武器を光州道庁に運搬した。また鉱夫を中心とした和順の青年たちは各地の支署ごとに武器を奪った。

以上、地方の市や郡の抗争状況を検討したが、実際にはまだ知られていない多くの事件があり、これは今後十分に明らかにされなければならないだろう。光州以外の地方の市や郡の抗争が持ついくつかの特徴を考えてみると、次の点があげられる。

第一、伝統的な農民運動のように農村の内部的要因に基づいたものというよりは、光州地域の熾烈な闘争状況と戒厳軍の残忍な虐殺という外的な衝撃による運動としての側面が強かった。そのため、組織的な農民運動としての内在化がなかった状態下で、潜在的失業者群を形成していた青年、学生らの参加が際立ったと見られる。

第二、行政機関および治安担当の警察力は上級機関である光州〔所在の〕道路の麻痺のため完全に命令体系が崩壊した状態であった上に、光州地域のデモ鎮圧に大挙動員されてしまったために、ほとんどすべての警察署、支署が無防備状態であったという点だ。そこで多量の武器が獲得され、光州市内に搬入されたのである。

第三、戒厳軍は、光州の孤立化と運動勢力の弱い地域への先制攻撃という原則下に、高速道路を通じてソウル地域へのデモの広がりが予想される地域は、徹底的に遮断し、全羅南道圏を完全に孤立させた後、地方の市や郡を掌握するという基本戦略をとった。戒厳軍は地方の武装デモ隊を鎮圧するために、各地で待ち伏せ攻撃を行なった。

第4部

終局、そして新たな始まり

13　抗争の完成

決戦の準備

　日が暮れて行くなか、霧雨がしとしとと降っていた。決起大会を終えながら司会者が、最後まで闘う者の中にできれば予備軍関係者がたくさん残ってほしいと頼んだためであろうか、一五〇余人の決起大会残留者のうち八〇余人以上の者が軍除隊者であった。また、このうち女学生が一〇余人含まれており、残り六〇余人は高校生とまだ軍隊経験のない青年であった。彼らはYMCA大講堂に集合し戦闘隊を編成した。女性部が用意した食事が出され、互いに最後の晩餐であると語り合った。女学生一〇余人は看護隊に編成された。武器を欲しがる女学生もいたが、残りは各地域に分散、配置された。軍除隊者は主に周縁地域に配置された。軍務未経験者はYMCAと道庁を守ることになった。

　組編成を終えた後、尹相元、朴南宣、金鍾培、鄭祥容らをはじめとする抗争指導部幹部らが作戦会議を開いた。予備役大尉出身である予備軍中隊長の指揮下、入隊してきた市民軍新兵の射撃訓練も実施された。

　YMCAの方には弘報、民願、補給支援業務を行なっていた女性部等の人員が残っていた。民衆言論、決起大会および街頭放送の宣伝隊四〇余人、松柏会女性幹部五人、炊事担当女工一五人、警備担当一〇人の計七〇余人であったが、このうち男子は二〇余人で大部分が女子であった。彼らの中には抗争指導部を構成する人々の妻も何人かいた。(一部は夕方家に帰り、残りは夜遅くまで気を揉んだが、二七日の明け方二時ごろ、戒厳軍の進入が確実となったことを確認し、女子だけ近くの教会に避難することになる)。

　道庁抗争指導部では、状況室長朴南宣の指導のもとで戦闘準備をしながら、周縁地における市民軍の配置状況が点検されていた。一一時までに完了した光州市内の兵力配置状況をみると左記の通りである。

鶏林国民学校＝三〇余人（本部派遣）。柳洞三叉路＝一〇余人（本部派遣）。徳林山＝二〇余人（本部派遣）（ここには五〇〜二〇〇人の予備軍防衛組織が形成されていたため、その数はもっと多くなるものと思われる）。全日ビル＝四〇余人（ＬＭＧ機関銃設置）。全南大病院屋上＝数未詳。西方市場＝数未詳。鶴洞、池元洞、鶴雲洞＝三〇余人（文ジャンオを中心とした予備軍防衛地域）。

公園付近と光州市周縁に散在していたより多くの防衛兵力は、把握できなかった。

また、この日の明け方道庁内には、一〇余人の女学生を含め二〇〇〜五〇〇人程度の人々が残っていた。（この数は正確に掴みきれておらず、いくつかの説に分かれている。二〇〇人程度説は、抗戦期間中、道庁内の人員は通常三〇〇〜四〇〇人であったが、この日の夕方に一五〇余人が家に帰ったということをその根拠としている。五〇〇人程度説は、最後の決戦が終わった後、尚武台戒厳分所憲兵隊の営倉に収監された人数が三五〇余人、道庁内で殺された者が少なくとも一五〇余人と推定する側の見解である。また、四〇〇人説は、夕方金昌吉と共に多くの者が道庁から出ていったが、夜になって増えた人数は通常時よりはるかに多く、炊事と食事に混乱をきたしたという点を上げている。そして、道庁内における死亡者を差し引くならば、尚武台に連行された三五〇余人の中には地域戦闘に参加した人々が含まれているはずだから、五〇〇人説は若干多いように思われるという見解であった。このようにいくつかの見方に分かれているのは、最後の戦闘における死亡者の正確な数が発表されないためである）

道庁の防衛兵力は、道庁を囲む塀の前方と側方に二、三人が一組となり、二メートル間隔で配置され、後方には約四〇人程度が付属の建物に配置された。そして、残り全員は道庁前面の建物の一階から三階に、廊下のガラスを全部割り、道庁前の広場に向かって配置された。当時、地下室を武器庫に、一、二階を炊事場と食堂として使用していた元の民願奉仕の建物には、武器庫のダイナマイトを意識して五〇余人を二階に特別配置した。機動打撃隊全員は、市内の各地域を絶えず巡回しながら戒厳軍の状況をつかみ、本部にその移動状況を報告し、戒厳軍が攻撃してきたときは各所で接戦を繰り広げた。

生と死のはざまで

抗戦指導部全員は何日も睡眠をとることができず、食事も一日三食食べる暇がなかった。あまりにも忙しく、疲労困憊した数日間であった。彼らを支えたのは市民の自己犠牲と民主化に対する熱い思い、そして自分たちの主張が持つ正当性に対する確固たる信念であった。

暗くなるころ、ある高校生が道庁の前で泣きじゃくっていた。彼の姉が空挺隊に無惨にも虐殺されたという。「私に銃を下さい。私も闘えます!」。泣き叫ぶ高校生を見守っていた指導部の青年らは、胸が締めつけられるような思いであった。この高校生はその夜、最後の闘いで戒厳軍に撃たれ、自分の姉のように死んでいった。

この日の夜七時ごろ、指導部の一人が、道庁付近をうろうろしている二人の若者を見つけた。声をかけると彼らは泣きながら話し始めた。二人は友人同士で、一八、一九日までは共にデモに参加したが、両親たちが捕まったために家の中で何日か隠れていたという。しかし、他の友人が三人も死に、また、大学生は集合せよという街頭放送を聞いて良心の呵責を感じ、もうこれ以上傍観してはいられないと思って決起大会後、道庁をたずねてきたのである。一人は全南大学の一年生で、もう一人は浪人生であった。彼らのうちの一人もこの夜、死んだ友人たちの後を追うことになった。

夕方、指導部では決戦のために集まった学生たちに家に電話をかけさせ、自分たちが現在道庁にいることを家族に知らせるようにした。中には、両親の必死の呼び掛けに抗しきれず帰っていく者もいた。道庁には市内のいろいろな家庭から、ひっきりなしに電話がかかってきた。この闘いは集団的なものであったが、死の訪れは個人的であることが明らかであったし、ましてや信念を持たない選択は、その死を無価値にしてしまうからであった。
夜一〇時、抗戦指導部の一人は、闘いに共に参加していた妻を子供が待つ家に帰しながら、最後の別れを告げた。「万一、今夜を無事に過ごせれば明朝九時に出て来て食事の準備を手伝ってくれ。そして、子供たちが父親に会いたいとだだをこねたら、明日は一度連れて来なさい。家族がみんな生きて再び会えることを祈ってくれ」。妻は、他の人たちが見守る中、抱かれることも抱くこともできず、こみ上げてくる涙を抑えながら、夫の腕に顔をうずめすすり泣いた。彼は妻を送り出し、再び道庁に戻って来た。孤児として育ち、靴磨きをしながら蔑まれる人々のために生きようとした朴ヨンジュンは、ＹＷＣＡの防衛を任されていた。彼はこの夜、死を予感したかにように遺言状を書いていた。これは後に発見され、長い間仲間の涙をさそった。

われわれの血を求めるのであれば神様、この小さな一身の犠牲で自由を得ることができるのなら犠牲になりましょう。神様、私は何者なのでしょうか。あまりにもか弱い存在でありました。あまりにも悲惨な生活をしている者でありました。主よ、何一つ恥じることのない生を営もうと努力してまいりました。より大きな苦痛と煩悩と試練を与え、この世を勝ち抜いていく力と知恵を下さい。孤児であればみな歯ぎしりしたでしょう。社会が捨てた浮浪児です。わが兄弟姉妹たちよ。このように死んでいく私としては、二重三重の苦痛とくびきを背負い、ゴミとして生まれゴミのように生きるしか他にないのでしょう。神様、どうすればよいのですか。良心が何なのでしょう。何故、こんなにも重いくびきを背負わせるのですか。こんなに死にもの狂いに求めなければ、この世の仕事はできないのですか。それならば……やりましょう。神様、お助け下さい……すべてをお許しになり、この世に寛容と愛を……（朴ヨンジュンの遺稿から）

激務に追われていた市民軍は、いつの間にか銃を抱いたまま椅子の上に倒れたり、机によりかかったままま眠りこんでいた。彼らは、自分たちが実権を握って二日目にたてたいろいろな計画を、実践する暇もなく、最後と対峙していた。だが、遺恨はなかった。

非常！　非常！

地下室に安置された死体が腐りだし、その臭いが暗い道庁の建物の中に満ち溢れていた。静寂の中、閑散とした道路を見守りながら、警戒勤務中の市民軍たちはどうしてこれまでこの臭いに気がつかなかったのか奇妙に思った。

夜一一時五〇分、状況室で焦燥感を押さえ切れなかった一人が道庁の行政電話で、〔ソウルの〕中央庁状況室を呼び出した。「こちらは光州道庁だ。今夜、戒厳軍は市内に進入するつもりか」。「わからないが進入しないと聞いている」。「もし戒厳軍が入ってきたらわれわれはダイナマイトで自爆する」。

通話が終わり、ちょうど〇時になるや否や、市外通話が切られた。最後の二七日、抗戦一〇日目に入った瞬間であった。

電話が切られたのを知り、状況室の中はざわめき始めた。間違いなく戒厳軍が攻撃してくる兆しであると判断したのである。彼らは道庁内のすべての電燈を消した。弘報部では、最後の瞬間までこの事実を市民に知らせることを決定した。

朴ヨンスン（一九五九年生まれ、二一歳光州・松源専門大保育科二年。二四日から宣伝隊として街頭放送を行ないながら市内を巡回）が弘報車に立ち、明け方三時まで光州市内全域を回り、最後の街頭放送を行なった。

「市民のみなさん、今、戒厳軍が押し寄せてきています。愛するわが兄弟姉妹たちが、戒厳軍の銃剣の前に息絶えております。みなで立ち上がり、戒厳軍と最後まで闘いましょう。私たちは光州を死守します。市民のみなさん、戒厳軍が押し寄せてきています……」

その時、ほとんどすべての光州市民は起きていた。そして、この愛らしい女子学生の叫びをしっかりと脳裏に焼きつけた。暗闇と静寂だけの道路の向こうに、街頭放送の声は次第に遠のいていった。

道庁の状況室から戒厳軍の進入が確実であるという通報を受けて、YWCAで待機中であった周縁配置兵力は迅速に彼らの防衛地域に移動した。鶏林国民学校付近には、三〇余人の兵力が陸橋を中心に左右の建物と学校の塀を盾にし、西方と梧峙方面から入ってくる戒厳軍を遮断する計画であった。明け方二時ごろ、YWCAで徹夜した女子五〇余人が近くの教会に身を移した。YWCAには男子だけが二〇余人残ったが、銃が一〇丁しかなく、銃のない者は武器をもらいに道庁へ行った。三時ごろ、YWCAに残っていた青年たち（高校生と兵役義務年限未達者が大部分）は、武器を支給してもらうため道庁武器庫前に列を作り、駆け足で入っていった。武器庫の前で待機していた尹相元は、彼らを整列させ、緊張させるためにわざと「座れ！　立て！」を数十回繰り返した。息をする音すら聞こえなかった。暗闇の中、三〇分で実弾とカービン小銃が支給された。

明け方二時半、道庁全体に非常事態がしかれた。うとうとしていた者も各自の持ち場に向かった。抗争指導部であった尹相元、金英哲、李樑賢らは別れる直前、互いに手を取りあい、最後に「あの世で会いましょう」とあいさつ交わしながら、各自の持ち場に戻った。状況室長朴南宣が、全体を指揮した。実弾に余裕がなかったので戒厳軍側が発砲する前はどのような場合でも先に射たないこと、射撃は状況室長の統制に従うこと、できるだけ接近するまで待つことなどが指示された。

状況室には刻々と戒厳軍の進入状況が報告されていた。周辺地域住民の通報が正確に通過地点を知らせていたし、巡察に出た機動打撃隊による無線報告も息を切らすように入ってきた。周縁地からは銃声が聞こえ、照明弾が空を真昼のように明るくした。戒厳軍は周辺地域に進入し、住宅に灯りがともっていたり、人が動く様子を見ただけで手当たり次第にM16小銃を射ちまくった。

明け方三時、戦車を先頭にした戒厳軍が池元洞入口、西方入口、ハンジョン入口に一斉に進入し、待機中という無線が入ってきた。この夜の戒厳軍の光州進入路は大略左記の通りである。

①池元洞―光州川―赤十字病院―道庁南側（ヤンピョン第二〇師団）

②池元洞―鶴洞―全南大病院―道庁後門（第二〇師団）

③白雲洞―韓一銀行―道庁正門（第二〇師団）

④花亭洞―良洞―柳洞三叉路―錦南路―道庁正門（尚武台兵力）

⑤西方―鶏林国民学校―市役所―道庁北側（第三一師団）

また、激戦地であった光州公園には第七空挺隊、道庁には第三空挺隊、観光ホテルと全日ビルには第一一空挺隊が投入された。この日の朝、光州に進入した戒厳軍が首都軍団状況室に打電した「光州状況報告書」によると、戒厳軍の時間別進入内容が詳細に記録されている。

一九八〇年　五月二七日

〇三：三〇　作戦開始

〇四：一〇　道庁に投入

〇四：一一　道庁に第三空挺隊投入

〇四：三〇　光州公園第七空挺隊投入

〇四：四〇　観光ホテル、全日ビルに第一一空挺隊投入

〇四：五三　道庁で六一連隊支援下、暴徒らと熾烈な交戦

〇四：五五　道庁完全占領

〇五：〇四　光州歩兵学校周縁配置完了

〇五：〇五　光州公園完全鎮圧

〇五：一〇　六二連隊一大隊道庁兵力増員

〇五：二〇　六二連隊二大隊光州警察署進入

〇五：二二　道庁潜伏暴徒掃討完了

最後の抗戦

三時四〇分ごろ、鶏林国民学校前の陸橋では相当熾烈な戦闘が繰り広げられていた。この地域は予備軍中隊長が直接市民軍を指揮していた。戒厳軍は陸橋につながる道路に沿って入ってきたのではなく、サンジャン入口側の山水国民学校の塀をやぶり、鶏林国民学校

に進入しながら市民軍に対して側面攻撃をしかけてきた。一〇分以上総攻撃が続く間に、戒厳軍側は相当な数にふくれあがった。

市民軍三〇余人のうち、すでに二、三人が射殺されていた。その時、指揮者はこの場を固守していたのでは完全に包囲されると判断した。彼は後退せよと叫び負傷者を残したまま、二〇余人の隊員を引き連れて、鶏林国民学校と光州高校の間にある二メートル以上の塀ぞいを走った。鶏林国民学校の正門側の塀を飛び超えて隊員数を数えると、僅か七人しか残っていなかった。塀をはさんで市民軍が比較的有利な位置を確保した後、再び銃撃戦が展開された。戒厳軍は光州高校後方の塀をのり超え、市民軍の背後をついて逆襲してきた。さらに、彼らは光州高校北側の塀を飛び超え、背後と側面から激しく攻撃した。市民軍は次第に追いつめられ、もはや身を隠す場所がなくなった。中隊長は塀の下方にある住宅に飛び降りた。家の主人が物音に驚いて出てきたが、彼を見るや急いで匿った。銃声がいくらか静まった後、気がつくと彼の太股から血が流れていた。他の隊員らがどうなったかはわからなかった。後に、彼は回想の中で、ほとんど全員が死亡したであろうと語った。周縁地域の各所でこれと同じような戦闘が散発的に展開された。明け方三時半、道庁近隣の四方から銃声が上がりだした。街頭放送を聞き、道庁に向かって家を飛び出した若者たちが戒厳軍の包囲網にひっかかったのだ。彼らは暗闇の中で道庁の周囲を回っていたが、数百名が逮捕され、逃げた者は容赦なく射殺された。

道庁状況室では自爆しようという意見も出されたが、ある青年が涙をぬぐいながら述べた。「高校生は先に銃を捨てて投降しなさい。われわれは射殺されるか、運よく生き残ったとしても捕まって殺されるだろう。だが、ここにいる高校生たちはどんなことがあっても生き残らなければならない。そして、歴史の証人にならなければならない。われわれは民主主義と民族統一の輝かしい未来のために、抗争の最後を自爆で終わらせてはならない。さあ、高校生は先に出たまえ」。室内は粛然と静まりかえり、手榴弾を握りしめていた高校生らのすすり泣く声だけが聞こえた。

明け方四時ごろ、道庁前は戦車を先頭にした戒厳軍によって完全に包囲され、錦南路を中心に市街戦が繰り広げられた。戒厳軍は装甲車の上からサーチライトで道庁を照らし、降伏を求める最後通牒を発した。「暴徒らに警告する。おまえらは完全に包囲された。武器を捨てて降伏せよ！」

道庁内からは何の反応もなく、物静かであった。次の瞬間、銃声が鳴り響いた。市民軍側から発射された銃声が戒厳軍のサーチライトを打ち砕き、再び真暗な闇があたりを包んだ。戒厳軍の一斉射撃が開始された。自動小銃が豆を煎るような音を出し、一気に火を噴いた。道庁の背後を守っていた四〇余人の市民軍は、銃声を聞いて不安になり、しきりに前方に移動してきた。この隙をついて空挺隊員数名が、道庁後方の塀を超えて入ってきた。暗闇の中で敵味方の区別がつかなかった。空挺隊員は素早く市民軍の間に入りこみ銃を乱射した。市民軍たちが一人、二人と倒れていった。朝日が昇り始めた。


市民軍の食堂に使用していた道庁二階の民願奉仕室と、ダイナマイトが貯蔵されていた地下室の武器庫は、尹相元ら数人の抗争指導部幹部と四、五〇人の青年、学生らが防衛にあたっていた。彼らは二階の欄干を中心に、俯せながら銃を撃った。隅で射撃していた高校生が弾を受けて悲鳴を上げた。そばにいた尹相元が彼に近寄り、「しっかりしろ！」と言いながら上体を起こしたがすでに息はなかった。尹相元は再び自分の位置に戻り、俯せようとした瞬間、床にくずれおちた、近くにいた数人が「尹さん！　尹さん！」と肩をゆすったが何の応答もなかった。脇腹から血が溢れていた。誰かが毛布を引っぱってきて彼にかけた。銃声がひっきりなしに飛び交い、四方からうめき声が聞こえてきた。「弾、弾がない！」。何人かの生存者は事務室の中に移動した。

空挺部隊はすでに二階の窓際まで上がってきており、窓に銃口をのせ連射した。事務室内の市民軍はカービン小銃を窓の真下に向けて応射した。外では続けて降伏しろと叫んでいた。抵抗する市民軍側の実弾はもはや底をついていた。彼らはそばで死んでいった仲間たちの銃から弾倉を抜いて自分の銃にはめこんだが、間もなくそれも切れてしまった。

戦闘を続ける気運が一気に低下し、このままでは死ぬ、降伏したら命だけは助かるかもしれないという本能的な思いが、市民軍の人たちの脳裏をかすめた
「降伏、降伏」

「武器を逆さにして窓の外に差し出せ！」

直ちに窓を飛び超えてきた空挺隊員は、その部屋の市民軍を隅に俯せにさせ、室内のいたるところで銃を連射した。さらに隣の部屋の入口に立ち止まり「全員銃を捨てて出てこい！」と叫んだ。キャビネットの後に隠れていた三人が恐る恐る出てきた。空挺隊員は彼らを一方に押しやり、手榴弾を室内に投げ入れた。

しばらくして、殺されずに欄干に集められた市民軍捕虜は一〇余人になった。彼らはみな手を後ろに縛られ、うつぶせに寝かされていた。

空挺隊員が左手にM16小銃を構えたまま、右手で市民軍のM2カービン小銃を取りあげ、道庁正門の方に必死に逃げていく一人の市民軍めがけて発射した。彼はその場にばったり倒れた。ちょうどその時、八人の市民軍が武器を捨てて、両手を高く上げて道庁の前庭に出てきた。しかし、たった今逃げようとした市民軍を射殺した空挺隊員が、さっきと同じ姿勢で八人の投降者全員を射殺した。彼は片足で市民軍捕虜の背中を踏みつけながら射撃し、「どうだ、映画を見ているようだろ」と言った。

道庁民願奉仕室二階に配置されていた市民軍は全部で四〇余名であったが、そこで最終的に捕らえられた人々は一〇余人にしかならなかった。民願奉仕室二階は他に逃げることができない場所であったため、少なくとも三、四〇人の市民軍が戦死したであろう、と後に生存者たちは証言した。

同じ時刻、道庁本館では、後方の塀を超えて市民軍の戦列を攪乱させた空挺隊員二人が二階に上がってきた。彼らは、廊下に立ち並び外に向かって射撃していた市民軍の間にひそかに入りこみ、正門の両側にある塀の下に配置されていた市民軍を銃撃した。下の方で

は仲間の市民軍が自分たちを射っていると思い、射つな！と叫びながら倒れていった。二階に空挺隊が突入し、廊下めがけて銃を乱射した。相当数の人が戦死した。生き残った者はみな廊下にいたら全滅してしまうと考え、各事務室に飛び入った。彼らは机やキャビネットでドアのところにバリケードを作った。廊下では銃声がけたたましく鳴り続いた。空挺隊は中央階段を中心に、両脇の事務室を捜索しながら近づいてきた。

廊下の中ほどにある事務室に隠れていた市民軍二人は、ドアに向けて銃を構えじりじりしながら待っていた。彼らの銃には弾が二、三発ずつしか残っていなかった。「降伏しろと言っているが、どのみち死ぬだろうから一人でも殺して死のう」と一人が言った。するともう一人は、「いや、もしかしたら軍事裁判にでもかけて死刑にするかもしれない。そうなれば言うべきことを言って死んだ方がまだましではないか」と友を説得した。すぐ隣の室から悲鳴が聞こえた。

また他の事務室では市民軍三人がキャビネットをドアの前に押し出して、中に入っていた書類の束を積んで掩蔽物を作った。それ以上隠れる場所がなかった。端の方から捜索してくる気配、手榴弾が爆発する音、M16小銃を連射する音、降伏しろとわめく声が、次第に近づいてきた。「室内にいる暴徒たち、銃を捨てろ。七つ数えるまでに出てこないと手榴弾を投げ入れる」という声がした。また、外では市民軍の捕虜が気合いを入れられているらしく、どなり声が聞こえてきた。彼らは「降伏したら殺しはしないようだ」と言いながら銃を外に出した。

相当多くの捕虜が廊下に寝かされていた。ある者は腕がもげ、苦痛に満ちた表情で悲鳴を上げていた。夜が明け始めて、室ごとに死んだ者の死体を引きずり出した。空挺隊員は、市民軍が事務室の中から降伏して出てくる時、銃口を自分自身に向けるようにさせた。少しでも姿勢がおかしいと容赦なく発砲した。彼らは銃を奪うや否や、軍靴で頭や腹など全身を思い切り蹴り上げ、罵声を浴びせた。空挺隊員は市民軍捕虜の背中にマジックペンで「激烈」、「実弾一〇発」、「拳銃所持」などと、上層部から指示された分類基準に従い、書きなぐった。

捕虜の中には、頭を割られ血だるまになった者や、眼鏡が割れて失明した者もいた。彼らは手を後に縛られたまま階段まで這わされ、そこからそのまま下に落とされた。彼らはほとんど頭をもたげることもできず、道庁正門まで同じように這わされ、そして道庁前の広場に待機していた軍用車両に乗せられた。

昨日、市民軍のスポークスマンにインタビューした外国人記者らが寄ってきて、この場面を逃すまいと懸命にビデオで録画していた。

一方、YWCAでは、日がのぼるころになって戒厳軍の攻撃が開始された。YWCAの中は文化宣伝隊と外に高校生、労働者たちが防衛中であった。戒厳軍は全日ビル入口の路地から機関銃をしばらく射ち、建物の職員が、「われわれは武器を、持っていない、助けてくれ」と叫んだ。戒厳軍は「みな服を脱いで出てこい」と言いながらもM16小銃を発砲し、幾人かが射殺された。朴ヨンジュンはYWCAの正門付近や郵便ポストの後、または家屋の隅などに身を隠しながら空挺隊員と激しく交戦し、壮烈な最後を遂げた。YWCA二階の良書組合事務室の床には血が溢れ、書庫の本には無数の弾丸が突きささっていた。全日ビルの市民軍も最後まで抗戦し、相次いて全員戦死した。

抗戦の血で染まった朝がやってきた。遂に、戦友の死体を超えながら残りの市民軍たちが両手を上げ出てきた。一五〇余の死体と負傷者が、二台のトラックに分かれて収容された。生存者は道庁彷徨者、銃器所持者、特殊暴徒に分類され、軍部隊に移送された。縛られたままトラックに乗せられた市民軍生存者は、暗闇の中で倒れていった仲間たちの最後を思い浮かべた。

14　終結していない闘争

生き残った人々

光州民衆抗争の燦然たる炎は、その朝、戒厳軍のキャタピラの音と共に消されはしたが、その熱い火種までが失なわれたわけではない。その火種は、それ以後、生き残ったすべての人々の胸に決して消えることのない負債として、守られているのだ。

戒厳軍による光州占領後、市民は不安な毎日を送っていた。五月三一日、戒厳司令部は、抗戦期間中「民間人一四四人、軍人二二人、警察官四人等一七〇人が死亡し、民間人一二七人、軍人一〇九人、警察官一四四人等三八〇人が負傷した」と公式発表した。しかし、光州市民の内、これを事実として受け取る者は誰もいなかった。また、戒厳司令部は、この期間中一七四〇人を検挙、内一〇一〇人を訓戒処分、現在七三〇人を調査中などと、発表した。

六月五日、戒厳司令部は再び民間人死亡者は四名増の一四八人、そのうち身元確認者一二六名、未確認者二二人、死亡原因別には銃傷一一八人、打撲傷一八人、刺傷九人、車両事故三人、職業別には学生二三人（小中高校生一四人、大学生九人）、浪人生三人、店員、工員、従業員二八人、無職一八人、労働九人、商業一〇人、運転手および助手七人、公務員その他四人、未詳一三人、という内容を明らかにし、身元確認者の名簿を公表した。続いて六月七日には、死亡者に対して弔慰金四〇〇万ウォンと葬儀費二〇万ウォンの計四二〇万ウォンを支給、負傷者（半身不随）に対しては三〇〇万ウォンの見舞金、重傷者には四〇万ウォン、軽傷者には一〇万ウォンをそれぞれ生計補助費として支給し、完治するまで治療費全額を国庫から支給することになったと発表した。

だが、抗争期間中怒りをぶつけて闘い、負傷した人びとが、戒厳軍進駐後の恐怖状態の中で、どうして自ら身分を明らかにし、見舞金や生計補助費を受け取ることができたであろう。また、誰が身辺を保障されない状態で病院に入って、治療を受けることができたであろうか。ある遺族協議会員は、死亡者に対する弔慰金支給の面で特定死亡者三六人は除外されたことを明らかにしている。

七月三日には連行者に関する発表があった。そして、連行者の内すでに一一四六人を放免し、次いで六九七人の軽犯嫌疑者を追加放免する予定であること、罪の重い三七五人については今後、さらに取り調べる方針であることなどを明らかにした。なお、ここで示された被疑者の嫌疑内容は次のようなものである。

①金大中からデモ資金五〇〇万ウォンを受け取り、現地の事態を引き起こした鄭東年と同じく金大中から資金を受け取り、事態を引き起こすよう背後操縦し、主導者らに一〇〇万ウォンの資金を与え闘いを継続するようにしむけた洪南淳等、主導者および背後操縦者五三人。

②銃器を奪取、携帯し、光州刑務所を襲撃するなど武装暴徒化し、軍と交戦した李グムヨン等三〇人。

③銃器を携帯したり、武器を所持し軍警と対抗、殺傷を敢行したシン・マンシク等一七四人。

④税務署、放送局等の公共建物を破壊し、重要施設および財貨を掠奪した楊勝熙等三三人。

⑤悪性流言蜚語を捏造流布し、悪質な背後煽動を行なった全玉珠等一〇人。

⑥その他、器物破壊およびデモ行為積極加担者七五人。

七月二二日、李熺性戒厳司令官は外国人記者らとの会見で、「光州事件で生じた人命被害は、死亡一八九人(軍人二三人、警察官四人、民間人一六二人)である。……他の国からみると光州事態はちっぽけな事件、つまり〝マイアミ暴動〟程度であろう。……一部の宗教人たちは偏見にとらわれ、彼らの見解だけが正しいと主張している」という暴言を吐き、引き続き抗争期間中の死亡者、負傷者数についての歪曲、縮小に汲々とした。戒厳司令部はその後、ひどい拷問を受けた連行者たちに対する最終処分結果を九月五日に発表した。

ユ・ゲリョンら一七四人は起訴猶予、鄭東年ら一七五人は内乱および〔戒厳〕布告令違反で戒厳普通軍法会議に起訴、そしてこの日放免された者を含めて総勢二一六〇人は放免、というのがその内容であった。

一方、〔一九八〇年一〇月制定の新憲法下、お手盛りの間接選挙方式で大統領職についた〕全斗煥大統領は、九月一六日『ワシントン・ポスト』のコラムニスト、ノバクとの会見で「万一、光州事態のようなことが他の都市に拡大したならば、金日成は一〇万の侵略軍を送りこんだはず」であると語り、光州における大虐殺を冷戦下の安保論理によって正当化し、正規軍投入は必然的であったという論理を展開した。

一〇月二五日午前一〇時、尚武台軍法会議法廷では、光州民衆抗争関連者二二五人に対する宣告公判が開催された。一、二部に分けて進められたこの大規模裁判で、鄭東年（全南大復学生）、金鍾培（闘争委員会委員長）、朴南宣（闘争委員会状況室長）、裵ヨンジュ（光州高速運転手）、朴ノジョン（福音印刷所）ら五人に対して死刑が宣告された。洪南淳（弁護士）、鄭祥竜（闘争委員会外務部委員長）、許圭晶（闘争委員会引報部長）、尹錫楼（闘争委員会機動打撃隊長）ら七人には無期懲役が宣告された。金相潤（全南大復学生）、金成鏞（神父）、明魯勤（全南大教授）、全雲基（朝鮮大復学生）李在鎬、楊ヒスン、全玉珠、金英哲、尹カンオック、チョン・ヘジック、ヤン・ガンソップら一一人に対しては二〇年から一〇年の懲役、その他一五二人に対しては一〇年から五年の懲役刑が宣告され、残り八〇人は執行猶予で釈放された。この刑量は一〇月三〇日、担当官による確認過程で若干の変動が生じ、八八人が刑執行停止で釈放され、金昌吉、黄グムソン、ヤン・ウォンシック、チャン・ゲボム、朴チン、具ソンジュら一六人には減刑処置が講ぜられた。

その後一九八一年三月三日、関連者一七六人が特別赦免で釈放され、一九八二年一二月二五日までには光州民衆抗争で拘束されたすべての者が釈放された。

新たな連帯

〔拘束者家族会〕

光州民衆抗争に関する徹底した報道統制が続けられ、被害状況についてほんの少し話をしてもいわゆる「悪性流言蜚語捏造および流布の嫌疑」で連行、調査するなど、恐怖の雰囲気が光州市全体を覆った。

極度の不安と焦燥の中で日々を送っていた拘束者の家族たちは、裁判が開始された三日になってはじめてその安否を確認することができた。裁判所ではじめて顔を合わせた彼らは、家族を救けるためには団結した行動が必要であると考え、尚武台近くのある拘束者家族の家に四〇余人の代表が集まり、拘束者家族の会合を持つことを決めた。

こうして始まった拘束者家族の集まりは、捜査機関〈安全企画部、保安隊、警察〉の執拗な妨害工作によって一部の家族が脱退するなど、解散寸前にまで追いこまれたが、「絶対傍観してはならないし、共闘を展開しなければならない」という基本的立場を絶えず確認しながら「拘束者家族会」を結成し、それを守っていった。

彼らは死刑囚および拘束者釈放のために国内外で署名運動を展開したり、実現はしなかったが青互台訪問を計画したりした。また、大法院〈最高裁〉最終判決を前にして、死刑囚の救命を訴え、三〇余人の家族たちがソウル明洞聖堂の枢機卿執務室に入りこみ、断食闘争を敢行した。

拘束者家族会会員らは、拘束者が全員釈放された後にも引き続き毎月会合を持っており、その後、新たな事件に連座して拘束されたヤン・シムスと学生らの世話をしている。

〔五・一八光州義挙遺族会〕

光州民衆抗争で死んでいった英霊たちの遺族も一九八〇年五月三一日、「五・一八光州義挙遺族会」を発足させ、死亡者と関連する問題に共同対処することを決めた。この遺族会の活動は、それ自体光州民衆抗争の残酷な真相の究明と直結するため、ことごとく当局の執拗な妨害にぶつからねばならなかった。

彼らは一九八一年五月一〇日、遺族会長朴チャンボンの事務所で追悼の集まりをもとうとしたが、当局の妨害で結局断念せざるを得なくなった。五月一八日には、第一周忌慰霊祭をとり行なう予定であったが、これまた当局の妨害工作によって望月洞墓地の慰霊祭を略式化させられてしまった。さらには追悼辞を読んだ遺族チョン・スマンが警察に連行され、国家保安法違反等の嫌疑で取り調べられた。

一九八二年一月には、当局の引き続く脅迫、恐喝、懐柔のために当初の役員団が退陣し、役員団を再編成しなければならなくなるなどの苦難を経験した。一九八三年四月、遺族四〇余人が道知事官舎付近に集まり、籠城したが、全員警察に連行された。

一九八三年に入って、望月洞共同墓地の聖域化を憂慮した当局は分散改葬計画を密かに進め、三月四日、最初の一基を改葬させた。これに対抗して遺族三〇数人が三月六日、高速バスターミナルに集まり、「光州義挙真相究明」、「墓改葬中止」を要求するたすきをかけてデモを行なった。四月には大統領の光州訪問に合わせてプラカードを作り、デモを計画したが警察に察知され、連行された遺族も出た。四月一八日、「墓を改葬すれば一千万ウォンの弔慰金と五〇万ウォンの改葬費を支給する」という噂の真為を確かめるため、遺族たちが全南地域開発協議会を訪ね、会長代理の事務局長からそれが事実であることを確認した。光州警察署は、会長との面談を取り持つという口実で遺族会会長ら四人を出頭させた。しかし、実際には彼らが流言蜚語を捏造流布するという理由で調書および陳述書の作成を強制し、次の日になってようやく身柄を解放した。

遺族会は五月一八日、望月洞共同墓地において第三周忌慰霊祭を挙行した。六月一三日には南洞天主教会で追悼集会を開催し、遺族会名義のアピールを朗読、配布した。しかし、関係当局はこのアピールの朗読、配布を口実にして、遺族たちに改葬を条件にした弔慰金一千万ウォンの支給を中断すると通告し、一部の消極的な遺族たちをけしかけ、遺族会の内部分裂を引き起こした。六月一七日、このような当局の工作にそそのかされた遺族一二人が田桂良遺族会会長の職場に押しかけ、会長に暴行を加えた。また、彼ら一三人は、七月六日にも会長宅に無断で上がりこみ、悪態をついたあげく、会長と夫人に暴行を加えた。彼らは「光州事態を何故義挙と言うのか？　われわれも知らないアピールなのに、どうして遺族会一同のアピールだと言うのか。アピール事件のために全南地域開発協議会から支給されるはずであった弔慰金一千万ウォンの支給が中断されたではないか。その責任をとれ。これについて新聞紙上で公開謝罪し、撤回しろ。もしそうしなければ毎日やってきて暴れてやる」と、脅迫するに至った。遺族会は、一一月に道知事金チャンシクとの面談を要請し道庁に入ろうとしたが、正門で阻止され、三〇数人が警察に連行された。

一九八四年二月一三日には高カンピョ地域開発協議会会長との面談を要求して籠城、九人が連行された。翌日には彼の自宅を訪ねていったが、門前で一三人が連行された。また、彼らは四月一日にも墓改葬中止を訴え、籠城を行なった。しかし、当局の引き続く工作の結果、二四の墓が改葬された。

一九八四年五月一八日望月洞共同墓地で、市民、学生等三千人が参席した中、第四周忌慰霊祭が挙行された。夜には南洞天主教会で追悼ミサが行なわれ、その後道庁前でデモを展開し、遺族四人が光州警察署に連行された。一〇月一一日には、朴カンヒョン、キ・ジョンド、李ソンハクら長老三人の追悼礼拝に参席しようとした遺族三人が強制拉致され、各々大邱、麗水、海南等に分散隔離された。一〇月一五日遺族会は、拘束者協議会、負傷者協議会等の協力を得て、光州カトリックセンターで不法拉致に抗議する籠城を開始したが、翌朝七時、私服警察官が襲い、籠城中の遺族会員等一八人を連行した。

一九八五年二月にも大統領の光州巡視時、道庁前でプラカードを掲げ、「光州義挙真相究明」、「墓所強制改葬反対」などを要求し遺族二人が強制連行された。遺族会は、当局の執拗な破壊工作を押しきり、絶えず光州民衆抗争の真相究明、適切な保障、墓の強制改葬反対等を主張し続けることによって、光州民衆抗争を地に埋没させてしまおうとする企みに対する、粘り強い闘いの先頭に立っているのだ。

〔五・一八負傷者同志会〕

光州民衆抗争の嵐の中で、負傷を負った人々も一九八二年八月一日、光州ムジン教会で「五・一八負傷者同志会」創立総会を開き、当局のあらゆる破壊工作に屈せず、負傷者の名誉と人間らしい生活を送る権利を守るために闘うことを宣言した。むろん、彼らの場合もまた、出帆に至るまで数多くの困難を経験した。一九八一年、光州基督病院に入院し治療を受けていた負傷者同士が親睦会を企画したが、それを察知した情報機関は懐柔と圧力を加えることによって親睦会を中止させた。この事件以降、当局は負傷者の団結した動きに脅威を感じ、市内の総合病院で一緒に治療を受けていた彼らを各地に分散させた。政府発表とは異なり、負傷者らは適切な治療を受けられないまま、病院から強制追放されてしまったのである。

その後も幾人かの負傷者らが各病院の負傷者治療資料をもとにして、治療対策の要求を目的に「五・一八負傷者同志会」を結成しようとした。しかし、警察当局の事前の情報入手によって負傷者李カンヨンが連行され、背後操縦者の有無、会結成の目的を集中的に追及されたために、再び会の結成は挫折さざるを得なくなった。

負傷者の治療問題と生存権の問題が深刻な事態になっていく中、光州民衆抗争二周忌を迎えた。遺族会および拘束者家族協議会などの発足を知らされた負傷者らは、これに力を得てもう一度負傷者の実態把握を始めると同時に、会創立の準備をも推進し、遂に一九八二年八月一日、「五・一八負傷者同志会」を発足させた。彼らは会の創立総会のために、一二〇余人の負傷者に郵便で参席を頼んだが、各警察署情報課の露骨な妨害のために、ようやく連絡を受けた一八人だけが刑事らの目を盗み参席することができた。

彼らは、生計維持と会自体の定着が急な問題であったため、現実的な治療保障や生計問題を当面の課題として対処していった。現在、七、八〇人程度に増えた会員を中心に毎月集まりを持っている彼らは、五・一八光州民衆抗争を義挙と規定し、民衆抗争の生き証人として、一身上の問題を超えてこの国の民主化と民族統一の問題にまで、その関心を広げている。

その後の事件

一九八〇年一二月九日、五月の傷跡がまだ生々しく残っていた初冬、光州市内のアメリカ文化センターから火が出るという事件が発生した。

この事件は、イム・ジョンス（全南大商学部三年）、丁淳喆、金トンヒョク、朴シヒョン、尹ジョンヒョン等、光州の青年、学生数名が決行したものである。彼らは、光州民衆抗争過程における戒厳軍の蛮行責任は、単に軍事独裁政権に限定されるものではなく、これを傍観したばかりでなく、四個大隊の兵力使用に同意したアメリカにまで及ぶという認識に達した。そして、反民主・反民衆的な現政権を支援するアメリカの誤った政策に対する警鐘の意味を込めてついに、米国防長官ブラウンの訪韓日程に合わせ、行動を起こしたのである。

一九八二年三月一八日には、この「光州アメリカ文化センター放火事件」の延長線上にありながらも、その内容においてははるかに衝撃的な「釜山アメリカ文化センター放火事件」が発生した。文富軾の現場指揮のもと、金恩淑、李美玉、崔寅純、金志禧らが決行したこの放火事件は、これまで手放しの密月関係に浸っていた韓米両政府と全国民に対して、良かれ悪しかれ、手厳しい反省の機会を与えることになった。彼らは放火と同時に、釜山のユナ百貨店四階と国立劇場三階においてまいた声明書で、アメリカに対する民族的自覚を要請して次のように主張した。

「光州市民を無残にも虐殺した〇〇〇（全斗煥）ファッショ政権を打倒しよう。真正な統一を、見掛け倒しの統一政策でごまかすな。韓国経済を日本経済に隷属させようとする一切の政策を中断せよ。八八年オリンピック準備を中断せよ。官製言論、御用知識人らは自爆しろ」

この事件もやはり、光州民衆抗争の延長線上でとらえられるものである。光州抗争当時、戒厳軍の酷い蛮行に対して、光州市民の一人として戦慄を覚え「〇〇〇〔全斗煥〕光州殺戮作戦」という印刷物を作成し、全州、裡里、群山等に配布しながら身を隠していた金鉉奬が、文富軾に会い、光州抗争に関する話を聞かせたことがその発端になったのである。

アメリカに関連するこの二つの「事件」に見られるように、光州民衆抗争は、それまで既成事実化され、誰も問題にすることができなかったアメリカと韓国との「友好的な関係」への、批判的な問題提起を触発した。これは、光州民衆抗争中に含まれた重要な意味内容の一つであり、その抗争を、単なる一地域の、一過性の事件にとどめるのではなく、一九八〇年代以降の民族運動の爆発的な〔高揚の〕出発点に高めることになるものといえるだろう。

特別収録　韓国全学連光州民衆抗争総括文書

光州民衆抗争の評価と発展的継承のための模索

光州民衆抗争五年後の今日、抗争に対する評価は、科学的かつ一般的な水準で行なわれねばならない。ここでは、これまで散発的に進められた論議を総合・整理し、より一層深い評価〔の出現〕を期待しようとするものである。

第一、一九七〇年代以後累積されてきた政治的・経済的・社会的な諸矛盾に対する民衆の反独裁民主化闘争経験の蓄積と、一九八〇年の民主化の春に急激に成熟した民衆の政治意識が結合して、大衆的な性格を帯びて進められた爆発的民衆抗争であった。ここで大衆的と規定したのは、当時、抗争への参加がほとんど全市民的に行なわれ、特に学生、進歩的インテリ、事務職、労働者を含む中産層のそれが目立ったことからだ。

第二、とはいえ、当時、抗争主体の多数は、零細中小企業の労働者、不完全雇用者、店員、運転手たちの勤労貧民と農民などの基層民衆であった。特に、市民軍の創設(五月二六日)以後、〝決死抗争〟に至るまでは、インテリ、中産層の観念的進歩性がその限界を露呈し、基層民衆の現場的進歩性が相対的に優位を占めた時期であった。機動打撃隊のうち、零細企業労働者、不完全雇用者、農民、無職者の比率が八六％に達したのは、それを物語ってくれる。

第三、この地の支配階級に対する意識が深まった。すなわち、アメリカは、その標榜する自由民主主義の理念とは相入れない政権であっても、彼らの国家利益を保障してくれる限り、それを支援するということがはっきりした。こうして、一九七〇年代に広範囲に存在した外交論的〔アメリカに頼る〕発想は払拭された。つまり、アメリカと〔韓国〕軍部独裁間の葛藤よりも、両者間の連帯的ないしは利害の共有という側面の方が、より〔大きく〕浮き彫りにされることになった。

第四、光州抗争における武装闘争は、物理的な力で劣る民衆が戒厳軍の残酷な虐殺の中で展開した自然発生的で、自己防衛的なものであった。彼らは、支配の象徴である警察署、官公署等を破壊し、戒厳軍に対抗したが、市民の財産や建物は安全に保護するという道徳性を発揮し、暴政に抗する新しい人間性を発現させた。そして、日本帝国主義下の民族解放闘争〔八・一五〕解放以後における数多くの民衆抗争で部分的に示され、光州で具体化されたところの、民衆によるすべての武装闘争は、中産層知識人らの非暴力闘争にくらべ、多くの示唆を投げかけてくれる。

第五、民衆の一時的勝利という側面と同時に戒厳軍による封鎖・孤立化政策の側面が並存した五月二二〜二六日は、民衆による自治が実現された時期であった。この期間中、光州民衆は指導路線の混乱の中にありながらも、長い間疎外されてきた潜在的な政治力と埋もれていた道徳性を発揮し、〝破壊された光州〟を整備し、〝解放された光州〟を建設するのに全力をつくしたのである。

また、光州民衆抗争は、民衆の示した成熟した民主化力量、強大な物理力の前でも悽絶に応戦した闘魂の中で、一九八〇年代における韓国民衆民主化運動に、いくつかの座標を設定してくれた。

第一、**運動方向性の確立**。一九七〇年代以降展開されてきた反独裁民主化運動は、光州民衆抗争を大きな画期として、内容の深化と形式の拡張をなしとげる。すなわち、一九八〇年代の民衆民主化運動は、七〇年代の反独裁民主化闘争を深化させるとともに、それにつけ加え反外勢民族統一運動を展開することを同時的課題として設定するに至る。

第二、**基層民衆運動の活性化に力を傾けることになった**。民衆運動が民主化運動の重要な中心として位置づけられねばならないというのは、ありきたりの命題ではなく、錦南路の余りにも濃い血の負債の中で確認された検証命題である。これは、インテリの現場参与、労働・農民・貧民運動に対する諸民主化勢力の支援強化等として具体化された。また、光州〔原文では「済州」となっているが、誤まりと思われる〕民衆抗争の評価にみられるように、零細企業労働者重視の中で大単位工場を包据する地域内各部分の有機的連帯を想定した地域運動概念が登場した。

第三、**運動姿勢の確立**。止揚されなければならない矛盾を構成している敵対的な両国〔米、日〕に対する意識の深化および実践の高度化、献身的闘争姿勢の発揮などがそれである。

光州民衆抗争の意義

韓国の民衆運動は、政治的民主化段階の四月革命を経て、政治的民主化および経済的不平等性の解消という社会・構造的矛盾を、総体的に認識した社会民主化運動へと発展して行った。五・一六〔一九六一年。朴正熙らの軍事クーデター〕以後、韓国社会の根本的矛盾として独裁体制とこれを支援する外勢の剔抉が民衆運動の解決課題とされるようになり、それは七〇年代の反独裁民主化運動を経て八〇年の光州民衆抗争へと連なる民衆運動をもたらすことになる。

民衆運動を飛躍的局面に導き入れた光州抗争によって、われわれは軍部が現在の抑圧的な社会構造維持の中心勢力であり、民衆の民主化への熱望を徹底的に圧殺する実体であることを痛切に感じるに至った。同時に、光州市民抗争から外勢、特にアメリカをわが社会の矛盾の主要〔造出〕勢力として把握しはじめた。要するに光州民衆抗争は、四月革命が達成できなかった韓国社会構造の総体的矛盾の打開を、その間、内的運動力量によって進んできた各運動圏の連帯を通じて図ろうとした民衆運動であった。

経済的不平等と政治的抑圧、文化的疎外を克服し、歴史の主体として解放を闘い取ろうとする民衆によって解決されねばならない民族統一と民主主義の確立という課題の解決されゆく様相を、光州抗争は見せてくれる。また光州民衆抗争を通じて、韓国社会で最大の収奪をこうむってきた農村地域を背景とし、一九六〇年代以後累積されてきた嶺南・湖南間の政治・経済的不平等の中心地である光州で開始された民衆抗争は、労働者、農民、都市貧民等の基層民衆を中心とし、進歩的で前衛的な知識人たちをも含む広範な連帯闘争として展開されたことを、われわれは確認することができる。

結局、光州抗争は、〔八・一五〕解放以後展開されてきたわれわれの運動の諸目標を結合させ、闘争過程でそれを確認し、民族、民主、民衆という性格に、われわれの運動の方向を規定した。

（全学連連合シンポジウム資料集『光州民衆抗争の民衆運動史的照明』、全国学生総連合、一九八五年五月、から）

光州蜂起関係年表

〈1979年〉
10・26 朴正熙大統領射殺事件起こる
12・12 全斗煥国軍保安司令官らによる軍内部実権掌握。粛軍クーデター
〈1980年〉
4・14 全斗煥、保安司令官のままKCIA部長代理就任
5・1 ソウルの成均館大学等の学生の街頭デモ開始。以後学生デモが継続され、15日には全国で10万人規模にまで拡大
5・17 18日午前零時を期し、非常戒厳令を全国に拡大するとの政府決定。18日未明、金大中、金鍾泌らを連行。全斗煥クーデター
5・18 光州市内の全南大学生ら、「戒厳令解除」等を要求して街頭デモ。全斗煥らによって牛耳られる韓国政府は、戒厳軍を投入してこれを弾圧。戒厳軍の残虐行為によって光州市民の反発を引き起こし、民衆蜂起へと発展
5・20 申鉉碻内閣総辞職し、後任に朴忠勲内閣登場
5・21 光州市民軍、全羅南道庁を占領。「光州市民共同体」の成立。戒厳軍は市外に撤収し、光州の包囲・孤立化を図る作戦に移る
5・22 米国防総省、ウィッカム米韓連合軍司令官(在韓米軍司令官)が韓国軍当局の要請に応じ、米韓連合軍内の一部韓国軍部隊を治安維持の目的で光州市に移すことを許可した事実を発表
5・27 午前3時半、戒厳軍の光州市内への全面投入が行なわれ、5時10分光州市一円がその制圧下に入る。「それはまるで敵国の都市に対する攻撃だった」(鈴木・共同通信特派員の現地報道)
5・31 国家保衛非常対策委員会発足。委員長全斗煥。全斗煥体制の事実上の発足
12・9 光州米文化センター放火事件
12・11 ソウル大学で400人の学生による学内反政府デモ。80年春の闘争総括への第1弾となった「反ファッショ学友闘争宣言」を発表

■編 者：全南社会運動協議会
■記 録：黄 晳暎
■訳 者：光州事件調査委員会

新版 全記録 光州蜂起 80年5月―虐殺と民衆抗争の10日間

2018年12月20日第1刷発行 定価2,500円＋税

編　　者　全南社会運動協議会
記　　録　黄　晳暎
訳　　者　光州事件調査委員会
装　　幀　市村繁和（i-Media）
発 行 所　柘植《つげ》書房新社
〒113-0001　東京都文京区白山1-2-10　秋田ハウス102
TEL 03（3818）9270　FAX 03（3818）9274
郵便振替00160-4-113372　https://www.tsugeshobo.com
印刷・製本　株式会社紙藤原

乱丁・落丁はお取り替えいたします。　ISBN978-4-8068-0722-3　C0030